27
Ln 11997.

ÉLOGE

HISTORIQUE

DU

LIEUTENANT-GÉNÉRAL

LECOURBE,

PAR

M. ANASTASE BERGIER.

BESANÇON,

IMPRIMERIE ET LITHOGRAPHIE

DE SAINTE-AGATHE L'AINÉ.

—

1841.

NOTICE.

LECOURBE (*Claude-Joseph*), Comte, Grand-Cordon de la Légion d'honneur, Chevalier de Saint-Louis, naquit à Lons-le-Saunier en 1760. Son éducation fut dirigée vers l'état militaire par son père, qui avait été officier d'infanterie. Tout jeune encore, Lecourbe quitta ses études pour entrer dans le régiment d'Aquitaine, d'où il sortit au bout de huit ans sans avoir eu d'avancement. La révolution le trouva dans sa famille. A l'organisation des gardes nationales, il fut nommé commandant dans le canton de Ruffey, et partit à la tête du 7ᵉ. bataillon du Jura. Il servit successivement dans les armées du Rhin, du Nord, de Sambre-et-Meuse, de Mayence, de Rhin-et-Moselle, du Danube, d'Helvétie et d'Allemagne. A la paix de Lunéville, le général Lecourbe vivait retiré dans une campagne aux environs de la capitale, quand le procès de Moreau le fit revenir à Paris. Le vif intérêt qu'il témoigna à son ancien bienfaiteur et ami, les démarches qu'il fit en sa faveur et le mécontentement qu'il exprima à propos de sa condamnation, ne purent trouver grâce auprès du chef jaloux et inquiet du gouvernement d'alors. Lecourbe fut rayé du contrôle de l'armée et exilé. A la première restauration, le roi s'occupa d'adoucir la rigueur dont cet officier-général avait été l'objet. Il le rétablit dans ses grades et honneurs et lui donna le titre de Comte. Pendant les *Cent-Jours*, Lecourbe, occupé uniquement de la patrie, vint prendre le commandement d'une petite armée improvisée à Belfort, et il rendit cette forteresse redoutable et funeste à l'ennemi. C'est dans cette place qu'il mourut, le 23 octobre 1815.

Lecourbe joignait aux vastes conceptions du général l'intrépidité du soldat. Sa hardiesse à affronter les dangers des combats l'exposa souvent à la mort. Un jeune écrivain a résumé ainsi les chances périlleuses de cet homme de guerre:

« A Hondschoote, un boulet amorti vient lui briser son sabre sur la cuisse; à
» Fleurus, il reçoit deux balles dans ses habits et une troisième brise le talon de sa
» botte; à Biberach, lors de la retraite de Moreau, une balle l'atteint à la poitrine et
» il n'est préservé d'une blessure mortelle que par son baudrier; à Erhlen-Rhin,
» un obus enlève la corne de son chapeau; à Schuls, une balle lui traverse le bras;
» au passage de l'Inn, un boulet de canon lui emporte le pan de son habit et le
» renverse de cheval. »

Il a omis de rappeler les blessures qu'il reçut en combattant à Wasen.

ÉLOGE

DU

LIEUTENANT-GÉNÉRAL LECOURBE.

Dans les dernières années du dix-huitième siècle, époque encore bien rapprochée de nous par la date, et bien éloignée par la multiplicité des faits extraordinaires qui se sont succédé si rapidement, il y avait en France une révolution bien prononcée dans les idées, qui annonçait une prochaine révolution dans les choses. On aspirait à la liberté politique que l'on regardait, avec raison, comme l'assemblage des moyens capables de protéger la liberté civile contre les passions des gouvernants. On voulait détruire de monstrueux abus, et substituer l'action régulière des lois aux caprices inconstants de l'arbitraire. On voulait rendre à l'homme sa dignité, en le laissant libre de sa personne et de sa pensée, en tant que cette liberté ne blesserait pas le corps social. On voulait opérer la fusion de tous les individus dans la grande famille française, en établissant l'égalité sur la suppression des priviléges; affranchir le génie de toutes entraves pour lui donner tout son essor, et ne laisser d'autres inégalités que celles qui sont départies par la providence. On voulait enfin, pour couronner cette œuvre de régénération, établir le pouvoir royal dans une sphère spéciale et inviolable, au-dessus de l'ambition des uns et de l'anarchie des autres, et le faire le gardien intéressé des droits de tous. Malheureusement, pour en venir là, on n'en était encore qu'à une vague théorie déduite d'idées philosophiques mal élaborées; et une sage liberté politique ne peut être que le fruit de l'expérience tirée de la succession des faits. Aussi la conquête tant désirée de ces droits imprescriptibles rencontrat-elle une opposition forte et vivace. Bientôt ce ne fut plus que le duel de deux opinions contraires, de deux intérêts opposés. Dans la

1

chaleur du combat, on perdit de vue le but qu'on voulait atteindre. On bouleversa les idées, on méconnut les principes, et, d'excès en excès, on se souilla par une catastrophe épouvantable. L'Europe en armes, étonnée et inquiète de ces grandes innovations, et révoltée des crimes qu'elles entraînaient, vint se ruer contre la France. La France, jalouse de son indépendance, fière de la justice de sa cause, et fidèle aux idées dont elle voulait assurer l'empire, se leva en masse pour soutenir le choc, le repoussa et répandit dans toute l'Europe son drapeau et ses principes. Quelques peuples en recueillent les fruits, chez d'autres ils ne sont qu'en germe. La révolution française fera le tour du monde.

Dans ce mouvement général et ascendant, où chaque individu apparaissait selon son mérite et était récompensé suivant ses œuvres, le niveau était très-haut. Il fallait avoir quelque chose d'extraordinaire pour aller au delà. C'est pourtant dans cette sphère supérieure qu'a brillé d'un vif éclat l'homme que nous célébrons, le LIEUTENANT-GÉNÉRAL LECOURBE.

Né avec un esprit vif et décidé, un tempérament bouillant et robuste, l'activité des camps et l'émotion des champs de bataille étaient tellement conformes à son organisation, que, dans les loisirs de la disgrâce, le souvenir de ses exploits et l'espérance d'en produire de nouveaux composaient toute sa vie. Quelques méditations sur l'histoire faisaient son unique distraction.

Le temps où il a vécu était singulièrement favorable à ses inspirations naturelles. L'assemblée constituante, cette grande assemblée dont les doctrines composent aujourd'hui le fonds de nos mœurs et de notre droit civil et politique, tout en proclamant les vrais principes d'un gouvernement juste, fut détournée, par les malheurs des temps, d'en faire une bonne application, et, sans le vouloir, désorganisa la monarchie. Après elle, vint l'assemblée législative. La faiblesse du monarque, qui ne sut pas être le garant et le soutien du nouvel ordre de choses; et, chez le peuple, le défaut de respect à des lois récentes, respect qui ne peut être que l'œuvre du temps, de l'autorité morale et des habitudes domestiques, favorisèrent la malveillante disposition des législateurs actuels à continuer les innovations. Eux aussi voulurent être constituants. Bientôt ce ne fut plus que confusion dans les idées sociales, dépravation dans les notions de morale et extinction des sentiments généreux de famille.

Exécuteur testamentaire de l'assemblée législative qui avait détruit
la monarchie, la convention nationale détruisit le roi. La subversion
alors fut complète, et cette assemblée souveraine chercha la base
d'un gouvernement nouveau dans les débris amoncelés de l'ancienne
France.

La destruction progressive et toujours violente des coutumes de
la nation, la guerre active faite aux idées traditionnelles de l'Europe,
et la crainte de la contagion de notre fièvre révolutionnaire, émurent
et firent frissonner les souverains étrangers. Ils ne tardèrent pas à
s'unir dans un intérêt commun, et la première coalition fut formée
contre la France.

Les insensés! Ils croyaient que notre patrie, déchirée par les
factions, était une proie facile à saisir; et ils annonçaient déjà le
rétablissement du régime ancien sans modification. Ils ignoraient ou
feignaient d'ignorer que la masse des Français, tout en désapprouvant
les excès de ses gouvernants, était prête à faire tous les sacrifices
pour conserver les principes dont elle venait de faire la conquête, et
que l'amour de l'indépendance, l'enthousiasme de la liberté et l'essor
qui résulte de l'absence des priviléges, décuplent les forces d'une
grande nation. Etaient-ils donc incapables de comprendre que si les
Suisses, les Hollandais, les Portugais, et tout récemment les
Américains de l'Union avaient vaincu la maison d'Autriche, les forces
de l'Espagne et le Colosse Britannique, la France régénérée pouvait
bien vaincre l'Europe entière?

Déjà, par une indigne agression, les bataillons étrangers foulaient
le sol de la patrie, quand ils furent repoussés par un élan aussi
sublime qu'énergique. La garde nationale, cette grande institution,
sortie inopinément du milieu de nos troubles civils, et régularisée
pour constituer la force populaire, tenait les Français en armes,
prêts à comprimer les ennemis intérieurs et à combattre ceux du
dehors. Son ardeur et la confiance qu'elle plaçait en elle-même
étaient partout les augures de la victoire, lorsqu'un cri retentit dans
toute la France : La patrie est en danger! A ce cri, tout s'agite;
l'élite de la population vole de toutes parts aux frontières et se précipite sur l'ennemi. Dans cet élan électrique, Lecourbe est promu
chef de bataillon par le choix de ses concitoyens : grade délicat,
conféré à son mérite, à son patriotisme et à son instruction militaire,
car il avait déjà fait un congé.

Le combat de Valmy avait exalté l'esprit national. A Jemmapes, la France, en brisant les efforts de la ligue, avait assuré son indépendance et allait associer à son mouvement les Provinces Belges, quand la trahison, détruisant ces avantages, ramena nos armées sur les frontières, et compromit les places fortes qui les défendaient. Mais l'enthousiasme militaire était trop prononcé pour être abattu par un revers. Un échec disperse une armée qui ne se bat pas pour un intérêt commun, et fait oublier les motifs de la guerre. Il en est autrement d'une nation armée pour défendre son existence et sa liberté. Elle peut être battue, mais non vaincue. Des masses inépuisables de combattants sortent incessamment du sein de la population.

Vers le milieu de l'année 1793, le territoire de la patrie était entamé, et la France, entourée d'armées étrangères, était menacée d'une invasion générale. A la fin de cette même année, la France, qui n'avait pas encore organisé tous ses moyens, avait recouvré d'une manière brillante ce qu'elle avait perdu, et se montrait formidable pour l'année suivante.

Nous allons suivre notre héros sur les champs de bataille, où, à chaque action, il posait un des degrés qui l'ont conduit si rapidement au plus haut grade de l'armée. Son caractère et son talent furent constamment les mêmes dans les diverses occasions qui s'offrirent à lui de déployer son mérite. Officier supérieur, son intelligence devinait l'ensemble du plan de bataille, et les efforts de sa bravoure contribuaient efficacement à son exécution. Officier général, ses combinaisons étaient promptes, son coup d'œil sûr, son exécution rapide ; l'élan qu'il imprimait, acquérait plus de force de son intrépidité personnelle. Particularité digne de remarque ! il n'a jamais été la cause d'aucun mouvement rétrograde de l'armée à laquelle il appartenait.

C'est à Hondschoote, dans cette bataille où, d'après les témoins oculaires, la résistance de part et d'autre convertit le combat en une boucherie, que Lecourbe donna, pour la première fois, la preuve du courage, du sang-froid et du talent militaire qui l'ont distingué par la suite. Dans l'engagement meurtrier qui eut lieu en avant des fameuses redoutes qui entouraient le village, et qui furent enlevées quelques heures après, Lecourbe, à la tête de son bataillon, est entouré par la cavalerie hanovrienne. La résistance devenait décisive pour le sort de la journée. Il la repousse sans se laisser entamer, en détruit une partie et fait l'autre prisonnière, en lui coupant la retraite.

Deux mois après, à Watignies, il se signale tout à la fois à l'estime de ses chefs et à l'admiration de l'armée. Les ennemis, fiers d'un succès obtenu la veille par le nombre, étaient pleins de confiance dans leur position. Jourdan, par une inspiration de génie, change subitement son ordre de bataille, et rend inutile une partie de leurs forces. Néanmoins, deux fois les Français sont repoussés, et un nouvel échec va jeter le découragement dans l'armée. Le général ordonne et dirige lui-même une nouvelle charge. Nos phalanges s'avancent avec une rare intrépidité. Le feu continuel de la mousqueterie, les détonations rapides des canons font un fracas si formidable, que Cobourg lui-même en reste stupéfait. Les républicains abordent avec audace les Autrichiens dans leurs retranchements, les combattent avec acharnement, les ébranlent. Lecourbe, lui premier, entre, un fusil à la main, dans les lignes de Watignies; il est suivi et soutenu par ses compagnons d'armes; le village est bientôt emporté, et Maubeuge est débloqué.

Témoin de son héroïsme guidé par une haute intelligence, un général de cette époque annonça que Lecourbe serait un jour un des meilleurs officiers supérieurs de l'armée. Sa prédiction n'était point hasardée.

Chef de brigade dans la campagne de 1794, qui s'ouvrit d'une manière si glorieuse pour les armes françaises aux Pyrénées, aux Alpes et dans le Nord, où l'ennemi était le plus redoutable, Lecourbe était à Fleurus, à cette célèbre bataille qui se livra sur une ligne de sept lieues, et qui eut pour immense résultat de séparer les coalisés, de les forcer à la retraite et d'opérer la réunion triomphale de nos armées dans la capitale des Pays-Bas. Dans cette grande journée, au milieu des marches et contre-marches qui ont pour objet de déjouer les combinaisons stratégiques de l'ennemi ; dans ces mouvements en tous sens de troupes fraîches qui viennent remplacer des troupes écrasées ; quand l'apparition inattendue d'une colonne va jeter le désordre dans les rangs opposés et leur arracher le succès, Lecourbe, habile à prévoir le danger et toujours prêt à suppléer par le courage à l'infériorité du nombre, s'oppose avec ses trois bataillons à la marche de douze mille Autrichiens, paralyse leurs efforts pendant sept heures et demie, et ajoute ainsi son épée à l'épée du général dans la balance de cette grande victoire qui électrisa la France, purgea son territoire de la présence de ses agresseurs et porta le fléau de la guerre dans les pays ennemis.

Soit hasard, soit l'effet d'une audace singulière, il était dans la destinée de notre brave de marquer sa carrière militaire par des particularités héroïques.

Dans l'année 1795, la France possédait toute la ligne du Rhin, excepté Mayence. Pour hâter la reddition de cette place, le gouvernement avait projeté l'invasion de l'Allemagne par deux armées qui devaient passer le fleuve à Dusseldorf et à Manheim. La première s'avança victorieuse dans le pays ennemi. Au lieu d'appuyer ses mouvements, la seconde resta presque inactive, à cause des perfides intelligences de son chef, général marquant de cette époque, qui, oubliant son propre honneur et les intérêts de la patrie, débattait alors les conditions de sa défection. Par ce défaut d'ensemble nos troupes furent ramenées à leur point de départ. Ainsi, pour la seconde fois dans trois ans, la trahison arrêta nos succès et nous prépara des revers.

La situation des Français inspira au général autrichien une résolution bien naturelle. Maître de Mayence, il se hâta de concentrer ses forces sur ce point, et, par une attaque prompte et vigoureuse, il accabla le corps qui en faisait le blocus. Quelques divisions se replièrent sur Dusseldorf, d'autres sur l'armée du Rhin : mais les unes et les autres firent une retraite extrêmement pénible. Dans ce mouvement rétrograde, Lecourbe est chargé par son général de contenir la marche des Autrichiens pour faire cesser le désordre de la retraite. L'intrépide colonel s'avance et les arrête pendant vingt-quatre heures. Toutefois les colonnes autrichiennes affluent, et comme il ne reçoit point l'ordre de se retirer, il est bientôt entouré de toutes parts. La grandeur du danger, loin d'ébranler sa fermeté, lui fait prendre une attitude plus menaçante encore. Il combat, il attaque, il sème partout la mort. Les rangs ennemis s'ouvrent devant lui, et il reparaît au milieu des siens, aux acclamations de toutes les troupes étonnées qui désespéraient de le revoir. Cette résistance, intrépidement conçue et énergiquement exécutée, est aussi honorable pour les soldats que pour le colonel.

Mais un grand changement venait de s'opérer dans les affaires intérieures de la nation. Après trois ans et plus d'un gouvernement de monstrueuses illégalités, qui prit presque toujours pour politique la terreur, et pour justice l'échafaud, un ordre de choses plus régulier fut organisé. Le Directoire-Exécutif se constituait sur les ruines de la puissance conventionnelle. Toutefois, les esprits éclairés apercevaient déjà son impuissance et sa chute dans les vices de la constitution de l'an III. Le nombre de ses membres repoussait l'unité de vue et d'action ; son exclusion de la confection des lois et les obstacles que lui suscitait continuellement la législature devaient amener l'abaissement de l'un par l'autre. Et cependant il eut fallu des mains fermes et vigoureuses pour tenir les rênes du gouvernement, afin d'affermir les institutions, de réparer les maux des quatre années antérieures, de paralyser les royalistes et de contenir les anarchistes. Cette énergie de puissance eût été nécessaire encore pour trouver la paix extérieure dans la victoire. Et pour obtenir ce bienfait, il fallait anéantir l'insurrection dans l'Ouest, vaincre en Italie et surtout vaincre en Allemagne. C'est au milieu de toutes ces difficultés que les cinq Directeurs prirent la résolution de faire face à tous les obstacles. C'est sous ces auspices que s'ouvrit la campagne de 1796.

L'armée d'Italie continuait son étonnante suite de prodiges, quand le cri de guerre retentit sur le Rhin. De Dusseldorf à Mayence, l'armée de Sambre-et-Meuse, aux ordres de Jourdan ; de Manheim à Huningue, l'armée de Rhin-et-Moselle, commandée par Moreau, franchissent le fleuve, envahissent l'Allemagne, détachent deux confédérés de l'alliance avec l'Autriche, font trembler les Etats héréditaires, et vont, par le Tyrol, donner la main à l'armée triomphante d'Italie, quand ces armées sont forcées de revenir, par une marche rétrograde, mais toujours glorieuse, reprendre les positions qu'elles occupaient à l'ouverture de la campagne. L'impossibilité de la jonction de nos deux armées sur les frontières de l'Autriche, la retraite qui en fut la conséquence et l'ajournement de la paix, furent le résultat des dispositions vicieuses du plan de campagne tracé par le gouvernement. Le but eût été atteint et tous les vœux accomplis, si le Directoire, au lieu de laisser les deux généraux en chef maîtres de leurs opérations et indépendants l'un de l'autre, eût placé le commandement suprême dans les mains d'un seul qui eût dirigé dans un plan d'ensemble les mouvements des deux armées.

Quoi qu'il en soit, depuis les bords du Rhin jusqu'aux rives du Lech, depuis le passage du fleuve limitrophe jusqu'au combat de Friedberg ; le général Lecourbe donna constamment des preuves d'un talent supérieur, d'une intrépidité peu commune et d'une rapidité d'exécution qui coopéra efficacement à l'accomplissement des hautes conceptions du général en chef. Avec les faibles moyens dont il disposait, il se signala souvent par cette audace calculée qui produit de grands avantages et décide du destin d'une bataille. On peut affirmer, sans exagération, qu'il contribua puissamment au succès et à la gloire de cette campagne.

Après le passage du Rhin, quand Moreau se décida à former une attaque générale contre l'ennemi, la brigade Lecourbe devait venir se déployer derrière le village de Grissenheim, à la portée du canon du camp retranché de Büch, et cet ordre est exécuté avec tant d'adresse et d'assurance que les troupes de Souabe effrayées abandonnent cette position redoutable. La retraite des Souabes, séparés du corps principal de bataille, rendit plus faciles les opérations du lendemain. Les Impériaux furent mis dans une déroute complète, et les Français restèrent maîtres de la rivière et de la ville de Renchen.

A la bataille de Rastadt, la prise de Gerspach devait précéder l'attaque générale. La division dont Lecourbe faisait partie est chargée de s'emparer de ce bourg et de la vallée de la Murg. Attaqué avec une extrême valeur, et malgré une vive résistance, ce poste est emporté, et Lecourbe, sans prendre de repos, poursuit les vaincus, leur fait des prisonniers et s'empare d'une partie des bagages. Restait le point de Kuppenheim, bourg fortifié en avant de la Murg et dont la défense était confiée au brave général Deway, à la tête des grenadiers autrichiens et hongrois. Decaen et Lecourbe se portent vigoureusement à l'attaque de ce bourg. Deway oppose une résistance ferme et courageuse. Après trois heures d'un combat meurtrier, les grenadiers ennemis sont forcés d'abandonner Kuppenheim. Ralliés à la voix de leur digne chef, quatre fois ils reviennent à la charge pour reprendre ce point important, et quatre fois ils sont contraints de se replier et de repasser la Murg.

Nous passerons sous silence la bataille d'Ettlingen, où le corps d'armée de Saint-Cyr dont faisait partie notre guerrier, attaqua de front la gauche de la position principale des Autrichiens, parce que sa valeur se trouva confondue avec celle de tous les braves qui composaient l'armée. Officiers et soldats, chacun fit admirablement son devoir. Les bonnes dispositions des uns, la bravoure et l'intrépidité des autres sont dignes des plus grands éloges. Et pourtant cette bataille, où les Autrichiens eussent été vainqueurs s'ils n'avaient eu affaire à des Français, n'aurait eu aucun résultat si le prince Charles, perdant tout espoir dans la vallée du Rhin, ne se fût retiré sur le Necker.

Moreau suivit l'ennemi dans sa marche et s'avança sur le Necker. Le centre de l'armée se porta sur Stuttgard, qui fut occupé après une vigoureuse résistance. Toutefois les Autrichiens n'avaient cédé le terrain que pour se retirer dans des retranchements formidables qu'ils avaient établis en aval et en amont de cette ville. La position des ennemis à Constadt et à Esslingen parut trop menaçante à Moreau pour continuer ses opérations avant de les en avoir délogés. Tandis qu'une division marche sur Esslingen, le général Taponier, ayant sous ses ordres le général Lecourbe, est chargé d'enlever le faubourg de Canstadt. L'attaque fut si vive et si brusque, que les Autrichiens, rompus et culbutés au premier choc, se débandent et prennent la fuite avec tant de précipitation qu'ils n'ont pas le temps de couper le pont qui conduit du faubourg à la ville. Si le gros de l'armée eût été là pour soutenir cette division, le passage du Necker eût été forcé et l'aile droite de l'Archiduc culbutée. Mais le général en chef était occupé à manœuvrer sur la gauche des Autrichiens. Du reste, le résultat de cette journée fut de faire abandonner les bords du Necker au prince Charles, qui se jeta dans les montagnes d'Alb.

Seize jours après, et dans ces mêmes montagnes, se livra une autre bataille qui devait ouvrir aux Français la vallée du Danube, et où le Capitaine que nous célébrons fournit un exemple d'audace réfléchie qui trouva des admirateurs dans les deux armées.

A Neresheim, Moreau voulant frapper un coup décisif, inquiétait l'ennemi sur toute la ligne pour cacher le mouvement concentrique de ses forces. Dans ces escarmouches, Lecourbe réussit à chasser les Autrichiens de Neresheim en leur faisant de nombreux prisonniers. Mais ce n'était que le prélude d'exploits plus brillants. Au fort de la bataille, quand l'Archiduc, agissant avec toute la vigueur possible, fit renouveler les attaques sur le Baremberg, et que les obus de ses batteries croisées eurent mis le feu à Dunstelkingen, voulant profiter du désordre que devait produire cet incendie, il ordonna à une colonne autrichienne de s'emparer en toute hâte de ce village. Mais il était défendu par les troupes aux ordres des généraux Lecourbe et Laroche. L'exemple, le sang-froid et la brillante valeur des chefs suppléèrent à l'infériorité numérique des Français. Le combat fut long et acharné ; et ces braves, pour rester maîtres de la hauteur, combattirent avec un courage et un dévouement qui furent admirés de l'Archiduc même.

Nous ne pourrions, sans répéter sans cesse de semblables actions d'éclat, de semblables preuves de talents militaires et d'intrépidité, suivre les mouvements de l'armée sur le Danube, au delà du Lech et jusqu'aux rives de l'Iser, terme extrême de la marche de Moreau. C'est de la tête du pont d'Ingolstadt que commença cette fameuse retraite, beaucoup trop vantée dans le temps, trop sévèrement jugée ensuite, et que dix-neuf ans de guerre continuelle, depuis lors, font ressortir encore comme la plus belle opération de ce genre qui ait été faite.

Toutefois, nous nous arrêterons un instant sur un événement qui ne fut pas le moins remarquable de cette grande campagne, parce qu'il fit voir à l'Europe que les Français, dans l'occasion, sont aussi opiniâtres dans la résistance qu'impétueux dans l'attaque, et parce que Lecourbe partagea la gloire de ce haut fait d'armes avec Desaix et Gouvion-St.-Cyr.

De toutes les conquêtes de Moreau, il ne restait aux Français que deux points sur la rive droite du Rhin : le fort de Kehl et la tête de pont d'Huningue. Le Conseil aulique ordonna au prince Charles d'en presser le siége et de s'en emparer à tout prix. L'un et l'autre de ces forts, construits sur les dessins de Vauban, et abandonnés depuis 1697, étaient tombés en ruine. Après le passage du Rhin, en juin 1796, et d'après l'ordre du général en chef, les anciens ouvrages avaient été réparés et on y en avait ajouté de nouveaux : mais le temps avait manqué pour leur donner la perfection convenable. Ce furent pourtant ces retranchements, élevés à la hâte, qui arrêtèrent pendant cinquante jours la marche triomphale de l'armée autrichienne.

Pour faire le siége de Kehl, le cabinet de Vienne fit autant d'efforts que pour faire évacuer l'Allemagne. Renonçant à les enlever de vive force, les Autrichiens déployèrent devant ces ouvrages non achevés un appareil formidable. Chaque redoute eut les honneurs d'un siége. Chaque retranchement, dont le dégel et les coups de canon avaient effacé le relief, ne s'obtint que par plusieurs assauts. Enfin, après avoir perdu plus de six mille hommes, employé autant d'artillerie, consommé autant de munitions qu'en eût exigé une place de première ligne, l'ennemi, ensuite d'une capitulation, s'établit sur un monceau de ruines.

L'enlèvement des redans et des redoutes de la circonvallation de l'ennemi, et surtout la reprise de l'île d'Ehrlen-Rhin, accrurent éminemment la réputation du général Lecourbe, dans ce siége mémorable où les Français se couvrirent de gloire.

Après l'évacuation du fort de Kehl, les Autrichiens se portèrent avec toutes leurs forces et tout leur appareil devant la tête de pont d'Huningue. Là, mêmes efforts, mêmes sacrifices, mêmes fatigues et même résultat. La défense de ce point fut le dernier exploit et le tombeau d'Abatucci.

Tandis que le prince Charles perdait sur le Rhin un temps précieux, et compensait ses pertes par des renforts qui eussent été plus utiles ailleurs; tandis que le cabinet de Vienne se berçait de l'illusion qu'Alvinzi débloquerait Mantoue et reconquerrait l'Italie, Alvinzi, battu dans une suite de combats partiels, venait de succomber dans un engagement général, et Bonaparte avait détruit la quatrième armée qu'on lui avait opposée. Pour opérer une diversion glorieuse qui concourût, avec ces succès extraordinaires, à obtenir la paix qu'on avait tant de raison de désirer, le gouvernement français se hâta d'organiser deux armées sur le Rhin. Belles et bien disciplinées, ces armées n'avaient rien perdu de leur énergie et se préparaient à de nouvelles victoires. Le souvenir de leurs propres exploits et le récit des triomphes de l'armée d'Italie occupaient tous les esprits et excitaient une généreuse émulation. Les généraux en chef partageaient cette ardeur et cet enthousiasme, et comptaient les journées qu'il leur fallait pour aller à Vienne.

Vers le milieu du mois d'avril 1797, l'armée de Sambre-et-Meuse, commandée par Hoche, l'émule de nos plus illustres généraux, débouche par le pont de Neuwied, obtient la victoire dans trois batailles et cinq combats, et s'avance menaçante au centre de l'Allemagne.

Moreau, de son côté, passe le Rhin, de jour, en présence de l'ennemi. Déjà une partie de son armée a repris Kehl et s'est emparée d'Offembourg. Lecourbe, avec sa brigade, composant l'aile gauche en attendant l'arrivée du corps de St.-Cyr, a déjà défait les Autrichiens, poursuivi les fuyards et forcé le passage de la Renchen. Le lendemain tout s'ébranle pour un engagement décisif; les sages dispositions du général en chef annoncent une victoire, quand on reçoit les préliminaires de paix de Léoben. Toutes hostilités sont suspendues.

Ainsi la première coalition venait d'échouer. La révolution avait vaincu l'Europe. Malheureusement cette paix ne fut qu'une halte.

La guerre avait usé bien des hommes, mais elle n'avait pas calmé les passions. Les machinations de la maison d'Autriche humiliée, entretenaient les ressentiments; et l'Angleterre, qui voulait à tout prix épuiser son éternelle ennemie, semait partout des brandons et son or. Les divisions intestines de la France, l'ineptie et les fautes de son gouvernement, et l'affaiblissement de sa puissance militaire causé par l'expédition d'Egypte, offraient une belle occasion de préparer une nouvelle coalition. Formée de l'Angleterre, de l'empereur d'Allemagne, du Corps-Germanique, de la Turquie, des rois de Naples et de Portugal, on réussit encore à y faire entrer Paul Ier., empereur de Russie. Catherine II, sa mère, ne s'était unie que d'intention aux cours liguées contre la république, et n'avait voulu prendre aucune part active à la première coalition. Le motif de cette adroite souveraine était que les principes de notre révolution ne pouvaient encore atteindre ses sujets; son prétexte, la nécessité de contenir les Polonais nouvellement réunis à son empire; son arrière-pensée, d'élever la prépondérance de la Russie en Europe sur l'affaiblissement des puissances belligérantes.

Pendant que les conférences de Rastadt étaient encore en pleine activité, l'armée du prince Charles, réunie sur le Lech et en Bavière, comptait plus de cent vingt mille combattants; celle de Kray, sur l'Adige, était encore plus considérable; et soixante-et-quinze mille Russes avaient déjà passé la Moldavie, sous les ordres de Suwarow, général féroce, plus horrible par ses atrocités à Ismaïl et à Praga, que célèbre par ses victoires.

Le voile était ainsi déchiré, et la seconde coalition se montrait à découvert. Le Directoire, qui n'ignorait pas ces mouvements, soit faiblesse, soit impéritie, avait négligé de mettre sur pied des troupes proportionnées à celles de l'ennemi : faute capitale dans un temps où la ligne militaire de la France s'étendant des bouches du Rhin jusqu'à Naples, diminuait les forces disponibles; quand la vaste étendue de territoire occupé par les Français, exigeait de la part du gouvernement des armements beaucoup plus considérables que ceux des coalisés, non pas pour faire une guerre offensive, mais pour se défendre et conserver nos conquêtes.

Outre l'armée d'Italie, trois corps d'armée avaient été réunis à Mayence, sur le Haut-Rhin et en Suisse, sous le commandement des généraux Bernardotte, Jourdan et Masséna. Le titre de généralissime fut conféré à Jourdan.

Le premier de ces corps, dit d'observation, devait se porter entre le Mein et le Necker pour appuyer les opérations du second corps, qui prit bientôt le nom d'armée du Danube. Celle-ci devait occuper les sources du Necker et du Danube et marcher en avant. L'armée d'Helvétie devait s'emparer du pays des Grisons, tenir un corps de troupes aux environs de Schaffouse pour seconder les mouvements de l'armée du Danube, et se lier avec celle d'Italie, dont la direction venait d'être donnée à l'inhabile général Schérer. Lecourbe, nommé général de division, grade qu'il dut à ses talents et à ses services, et qu'il justifia par des victoires, commandait l'aile droite de l'armée d'Helvétie. Son activité et son audace l'indiquaient comme un général accompli pour la guerre de montagnes.

Forcé d'agir dans une vaste circonscription et souvent dans une sphère spéciale, les conceptions de notre guerrier ne furent jamais inférieures aux circonstances où il se trouvait; son génie fit toujours de ses ressources des moyens suffisants. Adroit à deviner les desseins de l'ennemi, son habileté sut en prévenir les effets. On le voit tour à tour rapprocher les distances par son activité; par sa hardiesse, surmonter les obstacles de la nature; par son talent et son courage, culbuter les barrières de fer qui s'opposent à sa marche. Tout se ressentait de son impétuosité naturelle; ses lieutenants et ses soldats suivaient la glorieuse impulsion qui leur était donnée par leur chef; et la campagne de 1799 éleva le vainqueur de Suwarow au rang des premiers généraux de la république. Reproduisons ici, pour ne pas affaiblir sa touche, la peinture qu'en a faite un homme supérieur, le lieutenant-général Lamarque, bon juge en pareille matière :
« Lecourbe, qui, à la tête des trois brigades Gudin, Molitor et
» Loison, avait été chargé de défendre le Gothard et de ralentir la
» marche de Suwarow, faisait, dans ces hautes régions, des combi-
» naisons audacieuses inaccoutumées, qui créaient un nouvel art de
» la guerre des montagnes ; traversant les glaciers, franchissant les
» précipices, il livra, pendant quinze jours, des combats de géant,

» terribles comme la nature sauvage et colossale qui, pour la pre-
» mière fois, leur servait de théâtre. » Plus loin, le même auteur
méditant sur cette campagne dont la ligne s'étendait des sources de
la Reuss à la Forêt-Noire, voit, dans ses mouvements vastes et
combinés, le prélude des grandes scènes de Napoléon en Allemagne;
puis il ajoute : « On y admire le génie de Lecourbe, qui, s'écartant
» du principe tant recommandé par Rohan et tous les autres mili-
» taires, *d'occuper les sommets*, reconnaît que les vallées mènent
» souvent derrière ces sommets, et que leur occupation est plus im-
» portante et plus décisive. »

Tandis que les habiles dispositions de Masséna s'exécutaient avec
une grande vigueur au centre, et que ses lieutenants, s'emparant du
cours du Rhin depuis les environs de Coire jusqu'au lac de Constance,
menaçaient le Voralberg, Lecourbe, partant du mont Saint-Gothard,
passait ce fleuve vers ses sources, se portait rapidement de Dissentis
à Tusis, dans la vallée de l'Albula, et franchissait les plus hautes
montagnes de l'Europe, encore couvertes de neige, pour se jeter
dans la vallée de l'Inn, ou Engadine, et dans la Valteline. Sa mission
était de s'établir dans cette position, qui était regardée comme la clef
de l'Allemagne et de l'Italie.

Maître des sources de l'Inn, Lecourbe combina aussitôt une
attaque sur toute la ligne ennemie qu'il avait devant lui. Pour assurer
son flanc droit, il s'empara préalablement de Bormio. Dans ce mouvement, cet intrépide général s'avança lui-même sur les lignes
réputées inexpugnables de Martinsbruch, en même temps que Dessoles
avait ordre d'entrer dans le Munster-Thal. Mais cette dernière expédition eut un retard forcé par la difficulté des chemins, et, d'autre
part, l'attaque de la forteresse que nous venons de nommer, fut in-
fructueuse. Lecourbe était sur le point de la renouveler, quand il
fut prévenu lui-même par l'ennemi. L'autrichien Landon, qui occupait le Munster-Thal, avait divisé son corps d'armée en trois
colonnes, et, par une marche simultanée, déboucha par Martinsbruch et se porta sur Zernetz, puis sur Schuls. Ce général avait dé-
garni sa position pour faire un mouvement offensif et intimider les
Français. Il paya cher ce court moment de plaisir. Sur les deux premiers points, les Autrichiens furent battus, mis en déroute et Martinsbruch fut enlevé; mais ils parvinrent à s'emparer de Schuls. A la
nouvelle de cet échec, Lecourbe accourt, culbute l'ennemi dans ce

village, et le poursuit sans relâche dans la vallée du Munster. En ce moment, Dessoles, par un des plus beaux faits d'armes des guerres modernes, venait de s'emparer de Taufers et de Glurentz. Le corps de Landon, alors, pressé de toutes parts, est écrasé par les troupes françaises : lui-même ne réussit qu'avec peine à s'échapper. Lecourbe, ayant pris possession des principales positions du Munster-Thal, s'établit à Schluderus et se trouva ainsi maître des deux grandes vallées du Tyrol.

Les succès obtenus par ce corps d'armée allaient avoir les plus grands résultats pour l'armée aux ordres de Schérer. Mais, dans ces entrefaites, les efforts des Français ayant été infructueux devant l'importante place de Feldkirch, dont la possession eût assuré les communications des armées d'Helvétie et du Danube par les rives orientales du lac de Constance ; et le général Jourdan ayant perdu la bataille de Stokach, où l'intrépidité et l'énergie des Français s'usèrent contre la profondeur des lignes autrichiennes, Lecourbe, qui était trop avancé pour ne pas être compromis, reçut de Masséna l'ordre de suivre le mouvement rétrograde qu'il était obligé de faire lui-même.

Le général en chef s'établit sur le Rhin supérieur, bien décidé à en défendre le cours, et fit fortifier ses positions pour ne les abandonner qu'autant que les événements de l'Italie l'empêcheraient de conserver ses lignes en rapport avec celles de l'armée qui agissait dans ce pays.

Lecourbe revint dans l'Engadine pour ne pas renoncer à l'avantage de se porter soit sur l'Adige, soit en Allemagne, selon les circonstances. Mais les événements vinrent détruire ses espérances. Les alliés gagnaient du terrain en Italie, et l'armée française se repliait journellement. Cette retraite continue devant ouvrir aux ennemis les vallées qui conduisent aux principaux débouchés de la Suisse, laissait voir à Masséna toute la difficulté de sa position. Elle inspirait aussi au prince Charles la résolution de se lier fortement avec le maréchal Suwarow, et d'entreprendre lui-même quelque chose de grand dans les Grisons. Dans ce but, le chef de l'armée autrichienne fit avancer Hotze, un de ses lieutenants, sur Lucisteig et Mayenfeld, et ordonna à Bellegarde, qui se trouvait devant Lecourbe dans la Basse-Engadine, de se rendre maître des hautes montagnes qui séparent les eaux de l'Inn de celles de la Lanquart et de l'Albula, afin de communiquer avec Hotze. Bellegarde fit plusieurs tentatives pour inquiéter les Français et s'emparer de leurs positions. Mais ses efforts et ses attaques échouèrent contre les combinaisons de son adversaire, qui avait habilement étudié le terrain qu'il occupait et calculé sa résistance d'après les avantages qu'il lui offrait.

L'Archiduc rencontrant dans l'exécution de son plan une opposition à laquelle il ne s'attendait pas, et résolu de pénétrer dans les Grisons, fit avancer des forces plus imposantes sur les deux points dont nous avons parlé, en même temps qu'il armait et soudoyait des milliers de paysans pour attaquer les Français sur leurs derrières et leur intercepter la retraite. La guerre alors se fit dans l'Engadine avec une activité et un acharnement extraordinaires. Les Autrichiens parvinrent à chasser les Français de quelques postes, mais leurs efforts furent vains devant les retranchements de Zernetz, où se trouvait Lecourbe en personne : quatre assauts successifs restèrent sans succès contre la position de Vérouka ; les paysans révoltés furent tués ou dispersés dans les montagnes, et l'aile droite de l'armée demeura maîtresse du bassin d'Inn.

Pendant que ces événements se passaient en Suisse, la retraite des Français en Italie laissait à découvert la Valteline, et les alliés faisaient avancer de ce côté une colonne qui pénétra dans le Rhin-Thal jusqu'à Tusis. Ce mouvement contraignit Lecourbe à évacuer l'Engadine, et il porta son corps d'armée dans la Vallée du Tessin. Là, il se mit en mesure de couvrir le passage du Saint-Gothard et de contenir les Suisses révoltés, ainsi que les habitants de la Haute-Italie qui menaçaient de prendre part à l'insurrection.

Mais les Autrichiens s'étant rendus maîtres de Lucisteig et Mayenfeld, après un combat des plus opiniâtres qui ôta aux Français la possibilité de se maintenir dans les Grisons, avaient occupé successivement Coire et Glaris, et Masséna s'était retiré sur la Limmat. Pendant ce temps, Lecourbe écrasait à Schwitz un corps autrichien qui précipitait son mouvement en avant, et s'établissait à Wasen, dans la vallée de la Reuss, sur la route qui conduit de Suisse à Milan. Attaqué dans cette position par des forces supérieures, Lecourbe résista avec succès. Après plusieurs combats très-sanglants où il fut blessé, il repoussa l'ennemi, le poursuivit avec chaleur, lui fit deux mille prisonniers, rompit le pont de la Reuss, et assura ainsi la position des troupes à l'aile droite de la nouvelle ligne de défense, qui s'étendait du Saint-Gothard à l'embouchure de l'Aar dans le Rhin, en suivant la Linth. Mais cinq jours après, l'archiduc Charles ayant concentré ses forces sur Zurich et livré un combat qui fut un des plus meurtriers de cette époque, Masséna, qui avait réussi à conserver son camp retranché, n'en jugea pas moins convenable de prendre position en arrière sur la Sihl, et depuis le lac de Zug jusqu'au Rhin. Dans ce mouvement rétrograde, Lecourbe, toujours à la droite, s'appuyait sur la partie inférieure du lac de Lucerne.

Après plusieurs tâtonnements respectifs que le général Lecourbe mit à profit pour sa gloire, notamment par le brillant coup de main sur la redoute de Brünnen, Masséna se décida à diriger son plus grand effort sur la gauche de l'Archiduc, afin de reprendre le Saint-Gothard. A cet effet, il renforça son aile droite du peu de troupes qu'il avait de disponibles, et donna à Lecourbe la faculté d'agir indépendamment du centre et de l'aile gauche. Toutefois, pour favoriser les mouvements de ce général, à travers les vallées et les montagnes des Alpes, il ordonna des attaques sur toute sa ligne. La tâche de notre brave était difficile et périlleuse. Mais le grand capitaine qui la prescrivait, savait apprécier celui de ses lieutenants à qui il en confiait l'exécution, et Lecourbe ne démentit point la haute opinion qu'avait inspirée son habileté. Accompagnons-le un instant dans cette suite d'actions glorieuses qui élevèrent sa réputation au niveau des plus hautes illustrations militaires.

Pour remplir les vues de Masséna, Lecourbe fait promptement ses dispositions, et combine ses marches suivant la difficulté des lieux. Par la précision des ordres qu'il donne, il va dominer toutes les volontés, présider à tous les mouvements et diriger simultanément tous les efforts. Sa prévoyance a même préparé les moyens de remédier aux événements inattendus. Pour enlever ses soldats, ce général se charge lui-même de l'attaque du centre, c'est-à-dire qu'il se réserve d'emporter les passages de la Reuss au-dessus du lac de Lucerne, de remonter ce même lac, puis ensuite cette même rivière jusqu'à sa source, de forcer les défilés du Pont-du-Diable et ceux du Trou-d'Uri. Pour ne pas être inquiété sur ses derrières, afin d'atténuer les difficultés de sa marche en avant et d'assurer la possession du point dont il allait s'emparer, il importait qu'il fît seconder son attaque du centre par les mouvements de sa droite et de sa gauche.

et, il divisa ses troupes en plusieurs colonnes qu'il dirigea

2

dans toutes les directions convenables, de manière que les opérations de l'une, appuyées par les opérations des autres, concourussent toutes ensemble à l'exécution du plan général d'attaque. La colonne de l'extrême gauche dut se porter sur Schwitz et repousser l'ennemi que le général Chabran, avec sa division campée sur la Haute-Sihl, avait ordre de tenir en échec dans l'intervalle qui se trouve entre les lacs de Zurich et de Vallenstadt. La colonne de l'extrême droite fut chargée de remonter la vallée de l'Aar, de franchir les monts Grimsel et Furca, pour descendre ensuite dans la vallée d'Urseren. Enfin, trois autres colonnes eurent ordre de s'emparer des vallées qui aboutissent à la rivière de la Reuss, tandis que Lecourbe-lui-même, embarqué sur le lac de Lucerne, chasserait les Autrichiens de ses rives, s'emparerait de Brünnen, et, sous la protection de ses chaloupes canonnières, débarquerait ses troupes à l'embouchure de cette même Reuss.

Le 14 août 1799, les Autrichiens furent attaqués sur tous les points, et le 16 au soir, par une suite de marches savamment combinées, de fatigues de toute espèce, d'efforts inouïs pour surmonter des obstacles invincibles pour tous autres que des Français, de combats opiniâtres ensuite desquels trois généraux autrichiens furent mis dans l'impossibilité de combattre encore avec succès, les troupes guidées par Lecourbe réussirent à s'emparer du St.-Gothard, de la Furca, du Grimsel, des vallées de la Reuss et d'Urseren, et des principaux passages de celle de Dissentis. Cette expédition de trois jours, une des plus difficiles et des plus belles de cette mémorable campagne, rétablit les communications avec le Valais, et remit dans les mains de Masséna la clef des Grisons.

L'aile gauche de l'Archiduc avait été écrasée avant que le prince eût appris qu'on l'avait attaquée. Dans le but de détruire le fruit d'un si brillant succès et de faire une diversion profitable, le chef de l'armée autrichienne se décida promptement à un grand mouvement par son centre. L'occasion était favorable. Un second corps auxiliaire russe, commandé par Korsakow, venait de renforcer de trente mille hommes l'armée autrichienne. Le 16 août, le jour même où Lecourbe achevait son expédition, les têtes de colonnes russes débouchaient par Schaffouse. Le dessein du prince Charles était d'enfoncer le centre de l'armée d'Helvétie, de le séparer des deux ailes, en ôtant à Masséna toute communication avec Bâle et le St.-Gothard.

En conséquence il tenta de jeter deux ponts de bateaux sur l'Aar, pour y faire passer son armée. Mais la fermeté et la persévérance des Français rendirent l'entreprise de l'Archiduc impraticable, et inutiles ses immenses préparatifs.

Immédiatement après cette tentative avortée, le prince quitta la Suisse et marcha avec la plus grande partie de ses troupes sur le haut et le bas Rhin, à l'effet de repousser les Français sur la rive gauche de ce fleuve. Korsakow avait remplacé l'Archiduc dans la position centrale de Zurich; Hotze gardait toutes les autres positions, et, d'après le nouveau plan des alliés, Suwarow, vainqueur de l'Italie, devait se rendre en Suisse avec ses Russes pour y prendre le commandement suprême des divers corps destinés à agir contre l'armée d'Helvétie. Masséna ayant appris le désastre de Novi et la marche de Suwarow vers la Suisse, sentit la nécessité de prévenir la jonction de ces armées, et prit aussitôt la résolution d'attaquer vigoureusement les généraux Hotze et Korsakow.

A aucune époque des guerres modernes les Français, généraux, officiers et soldats, ne donnèrent des preuves plus multipliées de talents, d'activité et de courage que dans cette circonstance décisive; et aucune autre grande bataille n'eut des résultats plus extraordinaires que celle dont nous allons parler. Elle acquit à Masséna le titre glorieux de SAUVEUR DE LA PATRIE.

Dans les vastes combinaisons de son génie et dans cette sage prévoyance qui en assurait le succès, le général en chef ordonne à Lecourbe de faire occuper le canton de Glaris; et ce mouvement, exécuté avec bonheur par son lieutenant Molitor, fortifia la position des Français entre les lacs de Zurich et de Vallenstadt et mit une immense distance entre Hotze et Suwarow. Sans perdre de temps, l'impétueux Masséna fait attaquer simultanément les Autrichiens et les Russes et réussit à les séparer (*25 et 26 septembre*). Les premiers, battus avec des pertes immenses, faits prisonniers ou dispersés, précipitent leur retraite du côté de Saint-Gall, et ne se croient à l'abri que derrière le Rhin. Les masses russes, attaquées avec furie par les Français, sont rompues après un effroyable carnage dans les environs de Zurich, et finissent par être anéanties dans les rues de cette ville. Le peu qui échappe se retire en désordre par Schaffouse, au delà du Rhin. En quarante heures, Masséna a détruit deux armées et mis entre leurs débris toute l'étendue du lac de Constance.

Pendant ces sanglantes batailles, Lecourbe, de son côté, opposait son génie à la fortune de Suwarow, et triomphait du vainqueur de l'Italie. Isolé, avec dix mille braves dispersés dans les vallées les plus profondes et sur les montagnes les plus élevées des Alpes, il redoublait de talents et d'audace pour favoriser les triomphes de ses frères d'armes sur les bords de la Linth et de la Limmat, en profitant de tous les avantages des lieux pour suppléer à l'infériorité du nombre, en défendant pied à pied le terrain au vainqueur de Novi, et en arrêtant la marche de ses nombreuses hordes dans les gorges de la Reuss.

Le projet de Suwarow, en pénétrant en Suisse, était de s'avancer par les deux rives du lac de Lucerne, puis de descendre la Reuss, et de faire la réunion des trois corps d'armée au confluent de cette rivière, sur les bords de l'Aar.

Au poste d'Airolo, sur le versant du Saint-Gothard, du côté de l'Italie, six cents Français placés par Lecourbe arrêtent pendant douze heures la marche des Russes. Le lendemain, en cédant aux ennemis l'Hôpital et la petite vallée d'Urseren, les Français prennent une bonne position sur le Grimsel et sur la Furca, pour défendre les vallées du Rhône et de l'Aar et pour être en mesure de réoccuper le Saint-Gothard. En même temps, d'autres troupes rendaient inabordable le défilé du Pont-du-Diable et se préparaient à retenir les Russes sur la haute Reuss, afin qu'ils ne tournassent pas le flanc droit de l'armée française, en pénétrant par Stantz. Les 25 et 26 septembre, Suwarow dirigea toutes ses troupes pour forcer les ponts d'Erstfeld et d'Attinghausen, et il occupait Altorf. Ses efforts furent vains, et Lecourbe, avec quinze cents braves, tint en échec les vingt mille Russes qui venaient de l'Italie. Le 27 du même mois, l'irascible Maréchal renouvela son attaque avec fureur sur le premier de ces ponts. Déjà ses troupes commençaient à passer la Reuss, quand Lecourbe, pour faire une diversion utile, exécuta un des mouvements les plus hardis dont les annales de la guerre fassent mention. Il ose passer lui-même sur la rive droite de la Reuss, par le pont de Seedorf, et se jette sur les Russes avec un bataillon, quatre compagnies de grenadiers et deux pièces de canon. L'ennemi effrayé fuit en désordre. Les Français le poursuivent et pénètrent dans le camp des Russes. L'alarme est partout, et Suwarow lui-même est épouvanté. Le farouche Scythe ne devinant pas l'intention de son adversaire, abandonne l'attaque d'Erstfeld et s'avance contre Lecourbe.

Notre intrépide guerrier soutient le combat jusqu'à la nuit pour cacher la faiblesse de sa colonne, et rentre vainqueur dans sa position. C'est par cette longue série d'opérations périlleuses que le général en chef put effectuer son grand mouvement, et que devint impossible la jonction des trois corps qui devaient former l'armée ennemie.

En ce moment, on apprit dans les deux camps la prise de Zurich et l'occupation du canton de Glaris par les Français. Cette foudroyante nouvelle détermina Suwarow à quitter précipitamment la vallée de la Reuss pour se jeter dans le canton des Grisons, où il vit achever de se flétrir les lauriers qu'il avait cueillis en Italie, et se dissiper complétement le prestige de l'invincibilité des Russes.

Tant de talents signalés, tant d'exploits héroïques, tant d'éminents services rendus à la patrie, avaient fixé l'attention du gouvernement, et Lecourbe fut appelé à un commandement en chef, si l'on peut donner ce nom à la direction d'un corps d'environ dix-huit mille hommes, auxquels il fallait redonner du mouvement et de l'énergie, dans un temps où ils étaient exposés à avoir devant eux des forces considérables. Ce n'était qu'un commandement indépendant.

L'armée du Rhin avait été laissée dans une inaction presque complète. Sa faiblesse numérique l'avait empêchée de se porter en avant, et les troupes que l'archiduc Charles avait amenées de Zurich la privaient de toute communication avec la rive droite du fleuve. Mais les succès obtenus par Masséna en Suisse et les avantages remportés en Hollande par le général Brune, permirent au gouvernement français de renforcer cette armée, et de lui faire prendre une attitude offensive, sans pouvoir toutefois entreprendre aucune opération décisive. Sa mission était d'observer le prince Charles et de le contenir dans l'exécution des projets qu'il pourrait former en deçà du Rhin. Le commandement en chef de cette armée fut conféré à Lecourbe, qui justifia l'idée que le gouvernement s'était formée de son zèle et de son habileté. Mais l'époque et les circonstances ne lui offrirent pas ici l'occasion de déployer ses grands talents.

Arrivé au quartier-général, il s'occupa avec son activité accoutumée de l'organisation de l'armée confiée à ses soins. Il resserra les liens de la discipline qui s'étaient un peu relâchés, et ranima l'esprit militaire que l'inaction avait singulièrement affaibli. En moins de quinze jours, cette armée fut prête à entrer en campagne avec l'ardeur qu'inspire un chef administrateur prévoyant et éclairé autant que général ferme et habile.

Pour déjouer tous les plans de l'ennemi, l'armée française passe le Rhin sur trois points différents, déborde comme un torrent et envahit tout le pays situé entre l'Enz et le Necker, en faisant l'investissement de Philisbourg. Au premier bruit du danger que court cette ville, l'archiduc Charles, qui, depuis les désastres de Zurich, avait pris une position centrale dans la haute Souabe, se hâte d'envoyer des renforts qui, étant venus augmenter les troupes autrichiennes déjà si supérieures, contraignirent Lecourbe à concentrer ses forces entre le Necker et le Rhin, depuis Heidelberg à Manheim.

Les Autrichiens ne pensaient pas que leurs adversaires osassent faire aucune démonstration, quand tout à coup Lecourbe recommence son mouvement, attaque les ennemis avec une nouvelle vigueur, les culbute et dépasse les positions qu'il possédait vingt jours auparavant. Cette marche hardie eut donné de l'inquiétude au généralissime des armées allemandes, si l'impétuosité de Lecourbe n'eût été arrêtée par un événement inattendu, qui, en mettant en d'autres mains les rênes de l'État, changea les projets militaires du cabinet français. La dislocation de l'armée d'Helvétie, dont la plupart des régiments étaient dirigés sur Lyon, dislocation ordonnée par le Premier Consul, nouveau chef du gouvernement, donna à l'Archiduc la facilité d'envoyer une partie de ses troupes contre Lecourbe. Le général français dut se replier devant des forces infiniment plus considérables que les siennes. Il se retira avec ordre et précision. Cette retraite et la saison avancée firent cesser les hostilités, et le Rhin servit de limites aux cantonnements des deux armées.

L'impéritie des Directeurs devait amener un changement inévitable. Il devenait dès lors nécessaire qu'un bras ferme et habile s'emparât des rênes de l'État, et que le nouveau chef, général illustre autant qu'adroit politique, réorganisât fortement toutes les parties du gouvernement à l'intérieur, en même temps qu'il ferait triompher nos armes à l'extérieur. Bonaparte offrait ces conditions au-dessus de tous ses collègues, et le 18 brumaire l'éleva à la suprême magistrature de la république. Parvenu au plus haut degré de puissance qu'un particulier puisse atteindre dans sa patrie, le général-consul voulut jouer le rôle de pacificateur, afin de se concilier l'affection de la nation, comme il avait la confiance de l'armée. Dans ce but, il fit faire des propositions de paix, en premier lieu au cabinet de Londres, qui ne les accueillit pas; puis après à la cour de Vienne, qui les écouta d'abord et les rejeta ensuite, par les instigations de l'Angleterre. Il fut plus heureux dans le Nord. Il sut séparer de la coalition Paul Ier., et maintint le roi de Prusse dans la neutralité. Il fallut donc se préparer à combattre, et le Premier Consul, en faisant parade de la loyauté de ses intentions, réussit à capter la confiance de ses concitoyens, à exciter l'indignation parmi les Français, et à rendre la guerre nationale. Il est secondé de toutes parts avec ardeur. On s'empresse de concourir au but commun. Aucun sacrifice ne semble pénible pour l'honneur et le salut de la patrie, et les dispositions de la campagne sont faites avec une rapidité qui semble tenir de l'enchantement, et dans des proportions qu'on n'avait pas encore vues.

Bien décidé à faire opérer une diversion imposante en Allemagne, pendant qu'il combattrait lui-même en Italie, théâtre de ses premiers exploits, Bonaparte organise sur le Rhin une armée nombreuse, et en donne le commandement au général Moreau.

Cette armée était divisée en quatre corps. L'aile gauche, le centre et la réserve étaient établis sur la rive gauche du Rhin, depuis Strasbourg jusqu'à Bâle. L'aile droite occupait toute la frontière orientale et septentrionale de la Suisse, et bordait le cours du fleuve, depuis ses sources jusqu'à sa jonction avec l'Aar. Ce corps d'armée se trouvait sous le commandement du général Lecourbe. Il comptait trois divisions et une réserve. Il était et devait être plus nombreux que les autres.

La haute réputation militaire que s'était faite Lecourbe dans les années précédentes, le désignait comme une spécialité pour commander la droite de l'armée, qui, par sa position et son nombre, était destinée à agir quelquefois isolément, et dont les opérations avaient une égale ressemblance avec celles de 1796 et 1799. On le voit prudent et circonspect, sans rien perdre de son activité et de son audace; ne rien entreprendre qu'après un mûr examen, mais sa résolution est prompte et son exécution rapide. Ses marches sont admirablement combinées, ses ordres de bataille habilement appliqués au terrain. Par ses dispositions avant le combat, il paralyse une partie des forces ennemies, rétablit l'égalité du nombre et prépare ainsi le succès : son coup d'œil, dans l'action, saisit toujours le point décisif et lui fait mettre à profit toutes les chances de la fortune, toutes les fautes de l'ennemi.

Le 25 avril, les trois premiers corps passent le Rhin sur trois points différents, et, après des combats opiniâtres, s'emparent d'Offembourg et de Fribourg. De là, et par de savantes combinaisons qui font perdre à l'ennemi plusieurs journées de marche, l'armée s'avance sur Waldshut et Stuhlingen, en arrière de la Wutach; quelques divisions franchissent même cette rivière et prennent position à Neukirch et Hallau. Sur cette ligne, les trois corps d'armée se trouvaient à la hauteur de l'aile droite, et Lecourbe devait commencer son mouvement. Après avoir assigné des positions à quelques bataillons le long du Rhin, au-dessus du lac de Constance, pour observer les Autrichiens qui gardaient le Voralberg et le pays des Grisons, ce général passe le fleuve, le 1er, mai, à Reichlingen, malgré les grands et nombreux obstacles que présentent les localités et les positions formidables des troupes autrichiennes, occupe Stein, s'empare de vive force de Schaffouse, assure ses communications par la prise du fort de Hohentwiel et suit l'ennemi qui faisait sa retraite dans la direction de Stockach. C'est en avant de cette ville, où se trouvaient les magasins de l'ennemi, et deux jours après le passage du Rhin, que Lecourbe fit sa jonction avec le général en chef. Moreau prit la résolution d'attaquer le lendemain, avec le gros de son armée, les masses autrichiennes concentrées à Engen, avant qu'elles ne pussent couvrir Stockach, en même temps qu'il ordonnait à Lecourbe de livrer bataille, en avant de cette ville, à l'aile gauche ennemie, pour l'éloigner du lac de Constance et la séparer du corps qui était dans les Grisons.

Le 3 mai, au point du jour, Lecourbe se met en marche sur trois colonnes et engage le combat sur tous les points. L'infanterie autrichienne, placée sur la ligne de bataille en avant de Stockach et soutenue par une nombreuse artillerie, tient ferme contre l'attaque vigoureuse de ses adversaires. Mais, par deux manœuvres habiles, le flanc gauche de l'ennemi est débordé en même temps que son point de retraite est menacé, et la ligne autrichienne est intimidée. Le général français, saisissant ce moment d'indécision, attaque le centre, le fait plier, et la cavalerie, lancée dans les intervalles des colonnes, détermine la défaite. L'ennemi précipite sa fuite sur Mœskirch, en laissant au pouvoir des Français quatre mille prisonniers, une nombreuse artillerie et des magasins contenant des approvisionnements de toute espèce.

Après une résistance aussi opiniâtre et plus péniblement surmontée, l'armée autrichienne, battue à Engen, alla se réunir à son aile gauche à Mœskirch. Pour l'éloigner davantage, pour la jeter sur le Danube et assurer par là la possession de la Bavière, il fallut l'attaquer encore dans cette nouvelle position, et lui porter un coup plus vigoureux, avant la jonction des renforts qui lui arrivaient en toute hâte.

Le général Lecourbe, qui avait constamment manœuvré sur les derrières du corps qu'il venait de battre, précédait l'armée sur Mœskirch, et marcha directement à l'ennemi. La réserve de la grande armée suivait en seconde ligne.

Jamais peut-être les talents particuliers à Lecourbe et son énergie ne furent mieux déployés que dans ce grand engagement contre un adversaire habile et tenace, maître du terrain et de troupes numériquement supérieures.

Etablies sur un plateau de difficile accès et couvert par des batteries formidables, les premières troupes autrichiennes arrêtèrent nos bataillons et démontèrent notre artillerie. Néanmoins, quand les mouvements des colonnes de droite et de gauche furent suffisamment avancés, l'infanterie du centre, par des prodiges de valeur, emporta cette position et rejeta sur Mœskirch cette première ligne ennemie. Pendant cet engagement, la colonne de gauche attaquait le poste de Hendorf, qui était la plus importante des positions. On s'y battit avec fureur. Le village fut pris et repris plusieurs fois. Les Français, débordés par huit bataillons, allaient être enveloppés, quand une division de la réserve vint rétablir le combat. Ces deux divisions se fussent bientôt trouvées dans une situation aussi critique, si l'ennemi n'eût été forcé de plier devant une attaque combinée en même temps sur le centre et sur les derrières. Mais, en cédant le plateau si longtemps disputé, le général autrichien changea sa ligne de bataille, et par cette conversion prit une position qui lui donnait un grand avantage sur les colonnes françaises. Le combat alors recommença avec plus d'acharnement. Déjà la division de la réserve qui avait attaqué Hendorf pliait, quand Lecourbe la fit soutenir par une autre division. Le général autrichien, à la tête de toutes ses réserves, chargea lui-même plusieurs fois la ligne française, sans pouvoir rompre cette intrépide infanterie. La continuité de pareils efforts eut probablement épuisé le courage des Français, qui combattaient en nombre disproportionné ; mais l'arrivée d'une troisième division vint ranimer leur ardeur et décider l'action. L'armée autrichienne effectua sa retraite sur le Danube, et les troupes françaises, épuisées de fatigue, bivouaquèrent sur le champ de bataille.

L'armée autrichienne avait passé sur la rive gauche du Danube à Sigmaringen, et les Français avaient fait un mouvement en avant dans la Souabe. L'aile droite se porta jusqu'auprès de l'Iller et se cantonna depuis Leutkirch à Wurzach. A cette hauteur, il devenait important de se lier par la rive orientale du lac de Constance avec les bataillons qu'on avait laissés en Suisse, près des sources du Rhin, et d'observer de plus près le corps autrichien qui occupait les débouchés du Voralberg. Le général Lapoype, qui était à Saint-Gall, n'avait pas assez de monde pour faire aucun mouvement sérieux. Lecourbe détache donc de son corps d'armée une brigade qui occupe Lindau, sur le lac de Constance, attaque Bregentz et s'en empare de vive force, et revient ensuite, après avoir établi dans ces deux places les bataillons du général Lapoype, pour appuyer la droite de l'armée et assurer ses communications.

Sur ces entrefaites, le chef de l'armée autrichienne, Kray, jaloux de se maintenir sur sa ligne d'opérations, c'est-à-dire, de couvrir la Bavière et de communiquer avec le Tyrol, avait repassé le Danube, avec toute son armée, au-dessous de Riedlingen, et, par une marche forcée, était venu concentrer ses troupes sur la Riss, en avant et en arrière de Biberach. Là, dans une position formidable par sa nature et retranchée avec soin par la main des soldats, décidé du reste à livrer encore une bataille décisive, il attendait avec confiance le choc de l'armée française. Il ne se fit pas attendre. Après plusieurs combats engagés avec une aveugle témérité par les troupes françaises, selon l'expression d'un écrivain militaire judicieux, et soutenus avec résignation de la part des Autrichiens, notre armée se couvrit de gloire dans les mêmes lieux témoins de sa valeur quatre ans auparavant.

Lecourbe n'avait point pris part à cette affaire ; seulement l'approche des troupes qu'il avait envoyées pour déborder la gauche de l'ennemi, avait décidé Kray à se retirer.

La position du chef de l'aile droite à Wurzach et à Leutkirch lui donnait l'avance d'une marche sur les Autrichiens qui se dirigeaient sur l'Iller, et le mettait en mesure de les inquiéter dans leur retraite. Lecourbe les attaqua en effet à Memmingen avec la plus grande hardiesse, et il décida lui-même l'action par une de ces inspirations dont dépend quelquefois le sort des batailles. S'étant avancé pendant le combat pour reconnaître la position de l'ennemi sur un plateau fortement retranché, il chargea, à la tête de sa simple escorte, les troupes qui le défendaient, enleva brusquement le retranchement et pénétra jusque dans la ville. Le combat, court mais meurtrier, de Memmingen, fit retirer les Autrichiens sous les murs d'Ulm, et les Français prirent position sur l'Iller.

Le feld-maréchal Kray s'était renfermé dans le camp retranché d'Ulm, qui contenait d'immenses magasins et recevait facilement des approvisionnements. Forcé de renoncer à toute communication avec le corps d'armée du Tyrol, il devait se borner à une guerre purement défensive. Mais la force numérique de son armée, et surtout de sa cavalerie, lui permettant de s'étendre sur les deux rives du fleuve et d'empêcher les Français de faire aucun progrès essentiel en Allemagne, facilitait admirablement l'exécution du plan auquel il était réduit.

Le général français ayant reconnu les moyens défensifs de son adversaire, jugea qu'il serait imprudent de chercher à le forcer dans la position formidable qu'il occupait. Dès lors, et dans l'espoir de l'attirer hors de son camp, il simula de vouloir envahir la Bavière. Dans ce but, il ordonna à l'aile droite de son armée de se mettre en mouvement dans la direction d'Augsbourg, et lui-même se porta, avec la réserve, sur la Guntz. Mais Kray ne fut pas dupe de ces mouvements, et il ne se décida pas à abandonner son importante position. Au contraire, il profita habilement de l'occasion qui lui était offerte d'attaquer avec quelque avantage l'aile gauche des Français, qui était restée isolée, et il fit marcher contre elle un corps considérable de troupes.

Trompé dans son attente, Moreau n'abandonna pas son projet. Il se prépara à opérer de nouveau par sa droite, à manœuvrer sur le Lech, à menacer sérieusement la Bavière d'une invasion, et à contraindre ainsi son rival à le suivre pour défendre les frontières des États héréditaires. Conformément à ce plan, l'aile droite, après plusieurs engagements, arriva sur le Lech, passa cette rivière et s'empara d'Augsbourg et de Landsberg.

L'occupation de ces deux villes par les Français ne changea rien à la détermination de Kray. Moreau jugeant qu'il ne parviendrait jamais à tirer ce prudent adversaire de son camp retranché, et convaincu par les attaques vigoureuses mais inutiles qui venaient d'être réitérées sur l'aile gauche des Français, que l'armée autrichienne ne se laisserait pas forcer dans la position presque inexpugnable où elle persistait à se maintenir, Moreau, disons-nous, conçut alors un plan qui devait avoir pour résultat de contraindre l'ennemi à abandonner de lui-même le camp d'Ulm ; plan audacieux, que les hommes de guerre citent comme *l'un des plus grands et des plus admirables dont l'histoire des guerres modernes fasse mention.*

Le général en chef de l'armée française prit le parti de passer le Danube près de l'embouchure du Lech, afin d'isoler l'armée renfermée dans Ulm, de manœuvrer sur ses communications pour intercepter ses approvisionnements, et de couper sa ligne d'opérations de manière à la forcer ou à recevoir une bataille sur un terrain favorable à l'infanterie, ou à faire une retraite excentrique qui livrerait la Bavière au vainqueur. Mais ce grand mouvement présentait dans son exécution bien des difficultés.

Il fallait à gauche resserrer les retranchements d'Ulm ; et, pendant que le centre se rapprocherait du Danube pour masquer le mouvement de l'aile droite, celle-ci, rappelée d'Augsbourg et de Landsberg, devait chasser des rives du Lech les troupes autrichiennes et bavaroises postées sur cette rivière ; battre aux sources de l'Iller deux colonnes détachées de l'armée du Tyrol, pour la harceler sur ses derrières, et réoccuper les deux villes que nous venons de nommer, après avoir balayé tout le pays.

Toutes ces opérations préparatoires étant achevées, l'aile droite, par une marche rapide, se rapproche du Danube et opère le passage du fleuve en présence de troupes considérables accourues pour s'y opposer, et après des prodiges de bravoure où chaque soldat fut un héros. Le chef d'œuvre stratégique de Moreau se montrait dans tout son éclat ; et quoique son exécution ne fût pas complète, l'ardeur des soldats français en faisait présager la réussite. Au delà du fleuve il se livra, dans un espace de huit lieues, une longue suite de grands et meurtriers combats qu'on est convenu de désigner sous le nom collectif de bataille d'Hochstett. Par ces triomphes simultanés, Ulm est abandonné, et Kray fait, avec de grands efforts, un mouvement demi-circulaire par Nordlingen pour venir précipitamment passer le Danube à Neubourg, afin de rallier les corps de troupes qui étaient dispersés de ce côté, rétablir ses communications et couvrir la Bavière. Mais déjà Munich était occupé par une division française, et, pour protéger cette occupation, l'aile droite cantonnait au delà du Lech pour faire tête à l'ennemi, s'il débouchait par le pont de Neubourg. Sans perdre de temps, les Autrichiens avaient passé le Danube et s'étaient établis dans une bonne position en avant de cette ville. Les Français coururent les y attaquer. Le combat engagé avec le plus grand acharnement, balancé par des succès variés, dura jusqu'à dix heures du soir. La nuit profonde rendit l'action plus meurtrière encore. Les munitions étant épuisées de part et d'autre, on se battit à l'arme blanche. Enfin les Autrichiens forcés d'évacuer Neubourg repassèrent le fleuve, descendirent à Ingolstadt, puis après allèrent chercher leur ligne de défense sur l'Inn. Ce fut dans cette lutte corps à corps que périt d'un coup de lance une des gloires de la France, un de ces guerriers qui honorent leur patrie par leurs vertus, le preux, le magnanime Latour-d'Auvergne.

Il était important de ne pas interrompre le récit des événements qui se sont passés devant Ulm, afin de saisir l'ensemble des faits et de mieux discerner la part de gloire qui revient à Lecourbe dans ces grandes et périlleuses opérations. On a sans doute remarqué que presque tout le poids de cette partie de la campagne a pesé sur l'aile droite, dont le commandement n'a cessé d'être confié au célèbre capitaine dont nous nous occupons. On n'aurait pu, sans mettre partout de la confusion, le suivre isolément dans ses excursions à Augsbourg et Landsberg ; quand il traverse le Lech à des gués ou sur une poutrelle, sous des feux terribles d'artillerie et de mousqueterie ; quand il revient ensuite sur le Danube, où il forme et anime une compagnie de nageurs qui traverse le fleuve, enlève l'avant-poste autrichien, culbute le détachement qui se trouvait en arrière, pour donner le temps de réparer deux ponts coupés, et tient tête à l'ennemi jusqu'à l'arrivée de prochains renforts. Lecourbe passe lui-même sur l'autre rive avec les soldats les plus avancés, se porte à droite avec la rapidité de l'aigle, pour mettre en déroute un corps nombreux qui allait écraser les premiers assaillants. Il revient ensuite à gauche décider en faveur des Français un engagement opiniâtre par lequel l'ennemi s'opposait au déploiement des colonnes qui débouchaient par l'un des ponts. Il se mêle avec Moreau à des charges de cavalerie dans une affaire sanglante et nocturne qui avait pour objet de rejeter l'ennemi au delà d'une petite rivière, afin de prévenir l'arrivée du gros de l'armée autrichienne qui n'aurait pas manqué de se déployer le lendemain sur un terrain avantageux. Il harcèle le général Kray dans sa retraite d'Ulm à Nordlingen. Il se retrouve à Neubourg pour le battre et le refouler sur le bas Danube. Tous ces brillants exploits, qui sont de belles pages pour l'historien, ne peuvent être qu'indiqués ici. Il suffit au panégyriste de faire ressortir que le courage et l'habileté de Lecourbe ont eu la plus grande part au succès du plan du général en chef.

Dans la position avancée où se trouvaient les Français, il devenait urgent de resserrer dans le Tyrol le corps autrichien qui l'occupait, pour l'empêcher de se lier avec l'armée principale : il n'était pas moins urgent de s'ouvrir une communication avec l'armée d'Italie par le Voralberg; et cette communication serait bien mieux assurée si l'on pouvait s'emparer d'un fort point d'appui dans ces défilés. Lecourbe fut chargé de cette expédition. La sagesse des combinaisons du général, les talents et l'audace des chefs chargés de les conduire, la bravoure et la constance des soldats qui les exécutaient, firent de cette mission une brillante opération de quelques jours, qui fut couronnée par la prise de l'importante place de Feldkirch. Ici se montre dans un grand éclat le génie de Lecourbe. Il attire les Autrichiens dans des combats partiels, et leur fait éprouver des pertes si considérables, qu'ils renoncent à défendre Feldkirch et l'évacûent pendant la nuit; Feldkirch, où étaient venus se briser, un an auparavant, tous les efforts de l'impétueux Masséna. A peine notre général était-il maître de cette place, qu'il reçut la nouvelle de l'armistice de Parsdorf.

Les conditions en avaient été arrêtées le 15 juillet. Semblable convention avait eu lieu à Alexandrie le 16 juin précédent, entre les deux armées d'Italie, après la bataille de Marengo. La publication de ces deux armistices répandit une joie égale parmi les deux nations belligérantes. Le premier avait fait espérer la paix, le second semblait la promettre. Vainqueurs et vaincus, les peuples affaiblis d'une guerre de neuf ans, la désiraient ardemment; l'épuisement où ils se trouvaient leur rendait le repos nécessaire : et pourtant leurs vœux ne devaient pas se réaliser encore.

Le chef du gouvernement français, attentif à observer la disposition des esprits, habile à se rendre les circonstances favorables, flatta l'opinion publique en faisant lui-même les premières propositions. Du reste, il ne désirait la cessation des hostilités avec l'Autriche que pour reporter ses armées d'un autre côté. Il sentait que son épée était le meilleur appui de son pouvoir encore mal affermi.

Le cabinet de Vienne, ce grand anneau de la coalition et le principal champion de la lutte, ne se déterminait pas sincèrement à abandonner la partie. Il n'avait demandé une suspension d'armes que pour avoir le temps de réparer ses pertes, de se mettre en mesure de disputer la victoire et de traiter ensuite avec plus d'avantage. Mais l'armée autrichienne, découragée par des revers multipliés, menaçait de ne vouloir plus combattre. Les peuples, épuisés par les charges de la guerre, témoignaient leur mécontentement par des manifestations inquiétantes. Dans cet état de choses, la cour de Vienne se vit forcée d'écouter les propositions du Premier Consul, malgré les engagements qu'elle avait contractés avec l'Angleterre et qui lui interdisaient de traiter séparément de la paix avant le mois de mars de 1801.

De son côté, le cabinet de Saint-James redoublait d'efforts pour renouer les fils de la coalition. A ses yeux, la paix n'était que l'aveu fait par l'Europe de son impuissance à détruire les principes révolutionnaires de la France. Mais, dans sa pensée, la continuation des hostilités était le seul moyen d'assurer à l'Angleterre sa prépondérance sur les mers et le monopole du commerce du monde.

C'est dans des dispositions si peu favorables, avec des rancunes si déguisées et sous l'empire de passions si haineuses, que les puissances essayèrent de s'entendre pour assurer les bases d'une paix durable.

Les propositions du Premier Consul à l'Empereur furent comuniquées au cabinet de Londres. Celui-ci ne pouvant parvenir à les faire rejeter tranchément, fit déclarer que l'Angleterre aussi prendrait part aux conférences, et qu'elle enverrait ses plénipotentiaires aussitôt que le Premier Consul aurait fait connaître qu'il agréait cette participation. Son but était de mieux amener l'Autriche à rompre elle-même les négociations. L'heureux Consul, que les derniers succès avaient affermi dans sa haine contre l'Angleterre, ne consentait à faire une paix séparée avec l'Autriche que pour pouvoir disposer de toutes les forces de la république contre la Grande-Bretagne. Toutefois ne voulant pas paraître, aux yeux de la France et de l'Europe, mettre des obstacles à l'établissement d'une paix générale, il consentit à l'intervention du cabinet de Saint-James, sous la condition qu'on conclurait un armistice naval entre les deux puissances. Cette proposition était juste. L'Angleterre ne pouvait prendre part aux négociations pour la paix sans se placer dans la même position que son allié. Cette demande pourtant fut éludée. Ce refus engagea Bonaparte à renouveler à l'Autriche la proposition de traiter séparément avec la France. Sans la rejeter et toujours pour gagner du temps, l'Empereur négocia d'abord les conditions d'un nouvel armistice continental ; et la convention de Parsdorf, rendue commune aux armées d'Italie, fut prolongée de quarante-cinq jours. Ce laps de temps fut employé par les puissances belligérantes à manifester ouvertement les dispositions les plus pacifiques, afin de tromper l'Europe sur leurs intentions secrètes. Et l'armistice expira, et la lice des combats s'ouvrit de nouveau. Tel a été le commencement et l'issue des premières conférences de Lunéville, sur lesquelles reposaient tant d'espérances.

Durant ces vaines formalités diplomatiques, ces protestations insignifiantes, ces manifestations mensongères, les armements avaient continué de part et d'autre avec une rapidité extraordinaire. L'Autriche avait ordonné une levée en masse en Hongrie ; les Etats de Bohême avaient voté l'organisation d'une armée de soixante mille hommes, et l'Autriche-Supérieure était couverte de combattants et de retranchements. Le gouvernement français, de son côté, avait porté l'effectif de ses armées au grand complet. De plus, un corps spécial avait été dirigé à l'extrémité orientale de la Suisse, pour donner la main aux armées d'Italie et d'Allemagne et prêter secours à l'une ou à l'autre. Enfin un corps de troupes s'était rassemblé sur le Mein pour assurer le flanc gauche de l'armée du Danube, et s'opposer à la diversion que pourrait faire une forte colonne qui déboucherait de la Bohême. Ainsi le sort des armes allait décider la querelle entre la république et la seconde coalition.

A la reprise des hostilités, l'armée française était divisée, comme auparavant, en quatre corps principaux. L'aile droite, toujours placée sous les ordres de Lecourbe, bordait les montagnes du Tyrol pour en observer les débouchés, et s'étendait depuis Feldkirch jusqu'à l'Iser.

L'armée se mit aussitôt en mouvement pour attaquer l'ennemi ; et déjà Lecourbe avait fait prendre position à son avant-garde à quelque distance de Rosenheim, situé sur l'Inn.

Le premier et le principal exploit de cette seconde partie de la campagne fut la bataille de Hohenlinden (3 *décembre*), bataille à jamais célèbre parmi les grandes batailles de cette époque si féconde en prodiges, où le génie de Moreau brilla du plus grand éclat ; où l'admirable exécution de ses ordres couvrit ses généraux de la plus belle gloire ; où le courage et l'intrépidité des troupes contribuèrent merveilleusement au succès des manœuvres des chefs et à la réussite du plan médité par le généralissime : bataille glorieuse pour les Français, désastreuse pour les Impériaux, qui porta à l'Autriche un coup si terrible et si décisif, que la paix dont on traita ensuite en fut bien plus le résultat immédiat, que la bataille de Marengo n'en était la cause éloignée.

Afin de recueillir tous les fruits de sa victoire, Moreau suit l'ennemi dans sa retraite, qui se fait avec tout le désordre qui signale une déroute complète. Pour presser le résultat de la campagne, il prend en même temps la résolution d'envahir l'Autriche. Les difficultés que présentent les formidables lignes de l'Inn, de la Saltza, de la Traun, de l'Ens sont-elles capables d'arrêter sa détermination ? Le courage et la constance de ses soldats, l'expérience et le dévouement de ses généraux lui inspirent la confiance du succès. Il tient d'ailleurs à réaliser les vœux de la France et ceux de son cœur en marchant sur Vienne pour y dicter la paix. Plein de ces nobles idées ; il donne ses ordres, et tout s'ébranle pour opérer cette grande invasion, qui est d'autant plus hasardeuse qu'elle est sans exemple. Que de profondes combinaisons sortent du génie de cet illustre chef de l'armée française pour aplanir les difficultés de l'entreprise et ménager ses soldats ! Que de talents et de rapidité de manœuvres de la part des généraux pour vaincre une foule d'obstacles et tenir isolées les masses ennemies ! Que d'intrépidité et d'énergie de la part des soldats !

Le 9 décembre, à six heures du matin, Lecourbe passe l'Inn, à Neuheurn, sous le feu des Autrichiens, sur un pont de bateaux construit pendant la nuit. Il culbute les troupes qu'il a devant lui et les poursuit sans relâche jusqu'à Seepruck, où elles traversent l'Alza. A la nouvelle du passage de l'Inn, le chef de l'armée autrichienne fait remonter cette rivière, à marches forcées, par des troupes fraîches ; mais elles ne peuvent plus défendre cette ligne ni même celle de l'Alza, qui était déjà occupée par Lecourbe. En effet, le 11 décembre, cet infatigable général s'était emparé de Seepruck, après un combat très-vif ; et le 12 au soir, il avait refoulé l'ennemi dans Saltzbourg et s'était arrêté près de Saltzbourghoffen, à deux lieues nord de cette ville, où se trouvaient réunies toutes les réserves de l'armée impériale, sous le commandement de l'Archiduc généralissime.

Notre intrépide guerrier, après avoir reconnu la position et les forces considérables des Autrichiens, les attaque sur tout leur front, afin de les retenir sur ce point. Sur ces entrefaites, le centre de l'armée française aux ordres de Decaen, qui avait suivi le mouvement de l'aile droite, était entré dans Lauffen sans résistance et s'était établi sur la rive droite de la Saltza par une action aussi heureuse que hardie. Sans perdre de temps, il s'avance avec un appareil formidable sur Saltzbourg. Les Autrichiens, frappés de terreur, prennent la fuite ; et Decaen entre dans cette place forte par la rive droite, en même temps que Lecourbe par la rive gauche. Les Français sont maîtres de la Saltza, et l'armée autrichienne se retire vers la Traun.

Le même jour, 15 décembre, pendant que le général Richepanse, à la tête des divisions de l'avant-garde, suivait vivement l'ennemi et détruisait son arrière-garde ; pendant que le centre, cédant à ce mouvement, faisait douze lieues d'une seule traite en s'avançant dans l'Autriche, et que la gauche marchait, par Riedau, sur Wels, le chef de l'aile droite obliquait vers les montagnes et les lacs, pour rester maître des rivières et déborder l'ennemi ; et le 17, il franchissait la Traun à Gmunden, avant que le gros de l'armée ne la passât à Lambach et à Wels. Défaits encore derrière la Traun, les Autrichiens se portaient sur Kremsmunster pour chercher leur ligne de défense sur les bords de l'Ens.

Parti incessamment de Gmunden, Lecourbe, afin de mieux appuyer le centre, bat, dans trois engagements meurtriers, les corps détachés qui flanquaient l'armée ennemie, et les poursuit d'un pas si précipité que, le 20, il atteint l'arrière-garde et la réserve autrichienne au moment où ces troupes entraient dans Kremsmunster. Sans délai il les attaque, les culbute, leur prend de l'artillerie, et fait treize cents prisonniers. Les deux divisions de l'aile droite, aux-

quelles s'était réunie l'avant-garde qu'elles avaient devancée, bivouaquèrent autour de Kremsmunster.

Pour ne pas donner aux ennemis le temps de se reconnaître,
Moreau, maître de la rive gauche de l'Ens, ordonne, le lendemain
21, de passer cette denière ligne. Elle est franchie sans combattre,
et nos troupes débordent comme un torrent sur la rive droite. Par
la rapidité de leurs marches, beaucoup de détachements et même
plusieurs corps autrichiens sont coupés et tombent au pouvoir des
Français, ainsi qu'une nombreuse artillerie, des munitions, des
bagages et des approvisionnements considérables. Le général en
chef poursuit ses succès : Lecourbe remonte la vallée de l'Ens pour
se jeter dans celle de la Muhr, et précipite sa marche en se tenant
prêt contre tout mouvement du corps autrichien dans le Tyrol; l'aile
gauche s'avance en longeant le Danube, et le reste de l'armée va
couvrir la Haute-Autriche. En vingt jours, et, pour ainsi dire, sans
perte, Moreau a conquis quatre-vingt-dix lieues de pays, et franchi
une foule de barrières formées par la nature et par l'art. Ses avant-
postes ne sont plus qu'à deux marches de Vienne, quand, par un
sentiment généreux qui lui fait préférer les intérêts de l'humanité à
ceux de sa gloire, il consent à conclure un armistice entre les deux
armées, basé toutefois sur la déclaration que l'Empereur fera une
paix séparée avec la république : et la convention de Steyer est
signée le 25 décembre 1800.

C'est à cette époque que finit, à proprement parler, la carrière
militaire de Lecourbe, et celle de son illustre chef et ami, le général Moreau.

Au commencement de la campagne, le Premier Consul avait
organisé avec le plus grand soin l'armée du Rhin. Bien convaincu que
toute querelle entre la France et l'Autriche doit se vider sur le
Danube, il se proposait de diriger en personne les opérations de cette
armée. Mais Moreau refusa de jouer sous lui le second rôle. En vain
représenta-t-on à Bonaparte qu'après la pénible retraite d'Italie,
Moreau avait besoin de succès pour rétablir sa réputation militaire;
le dictateur n'en vit pas moins dans ce refus une jalousie offensante
et une résistance nuisible. Toutefois, comme son autorité naissante
était encore mal affermie, et que la popularité de son émule de
gloire était colossale, il dissimula son dépit et lui laissa le commandement. C'est de ce jour que leur rivalité prit naissance, et le

moderne César ne vit plus dans Moreau qu'un nouveau Pompée qu'il fallait tenir éloigné de tout emploi. Les lauriers de Hohenlinden le renforcèrent dans cette détermination.

Cette disgrâce du général en chef de l'armée du Rhin fut rendue commune à tous ceux de ses lieutenants qui ne purent ou ne voulurent pas dissimuler leur attachement à sa personne.

Trois ans après, quelques habitués de conspirations formèrent l'entreprise de renverser le gouvernement consulaire et de rétablir la monarchie. Cette conspiration n'était qu'une folie. Les royalistes eussent tué Bonaparte, qu'ils n'en auraient pas été plus avancés. L'opinion alors n'était pas favorable aux Bourbons : rien n'était prêt en France pour eux. Moreau eut la faiblesse de tremper dans ce complot, lui qui avait contribué à élever le Consul sur le pavois. Il fut jugé et condamné. Ce jugement fit événement. Tel était l'intérêt qu'inspirait cet homme illustre dans le malheur, que ses amis se groupaient autour de lui pour lui témoigner leur dévouement, et que la population et même l'armée manifestaient leur attachement par d'inquiétantes démonstrations.

Les officiers supérieurs et les officiers généraux qui étaient restés fidèles au vainqueur de Hohenlinden dans ce moment d'épreuve, devinrent l'objet d'une vengeance qui dégénéra en persécution. Lecourbe, entre autres, fut rayé du tableau de l'armée et assujetti à résider dans un lieu désigné.

Alors commença pour cet homme célèbre une longue période d'adversité qu'il supporta avec la résignation d'une âme fortement trempée, mais qu'il ne sut pas utiliser pour sa renommée. Privé du bienfait d'une vaste instruction, le mouvement et le fracas des champs de bataille l'avaient empêché de donner à son esprit toute la culture dont il était susceptible. Il ne pouvait, comme César, écrire ses commentaires, et tracer, avec le burin de l'histoire, sur des pages brillantes, la lutte héroïque qu'avait soutenue la nation française contre les peuples et les rois ligués pour détruire sa liberté et son indépendance. Exemple singulier de la spécialité de certains esprits : Lecourbe était amoureux de la gloire, et il n'aimait que celle que l'on acquiert sur les champs de bataille. Il était sans une vive émotion devant les grandes créations des sciences et des arts, qui sont aussi les enfants du génie et donnent des frères à tous les genres d'illustration. Il restait presque sans admiration devant ces grands monuments érigés pour perpétuer le souvenir des plus beaux triomphes d'une nation, ces temples, ces obélisques, ces superbes colonnes autour desquels se rassemblent les générations pour contempler dans ces produits du génie la grandeur et la puissance de leurs ancêtres. Son cœur tressaillait à peine à la vue de ces chefs-d'œuvre du ciseau ou de la palette des artistes, de ces statues, de ces tableaux, de ces médailles destinés à célébrer les héros et leurs exploits. Il ne put donc goûter, dans son malheur, les nobles consolations que donnent les belles-lettres, les sciences et les arts. Il ne vivait que de ses souvenirs, et ne s'animait qu'au récit des exploits prodigieux de nos armées conduites par cet homme extraordinaire, qui, dissimulant ses projets ambitieux sous les dehors d'un intérêt patriotique, les faisait voler de victoires en victoires, les entraînait de conquêtes en conquêtes.

Mais le jour de la vengeance des nations arrivait, et, dans son grand mouvement, il amenait celui de la cessation des injustices pour le lieutenant-général Lecourbe. Napoléon, oubliant que la paix est l'état naturel du monde et que la guerre n'est qu'une exception; oubliant que, dans l'ordre de la providence, les chefs des gouvernements ne doivent user de leur puissance que pour faire le bonheur de leurs concitoyens, et que l'accroissement successif de leur bien-être est la mesure de la sagesse des souverains, Napoléon, disons-nous, n'avait cessé d'écraser les peuples et avait humilié les rois. Les peuples l'ont renversé, les rois l'ont banni, et la nation française, abâtardie par le despotisme, est restée impassible à ce drame sans exemple. Le roi rendit à Lecourbe son grade et ses honneurs. Ce fut un acte de justice. Il les accompagna de titre et de décorations dont nous ne parlons pas ici, parce que ces hochets de la vanité ne peuvent pas donner de relief au mérite.

Le vainqueur de Suwarow jouissait paisiblement de ses honneurs, de sa gloire et du repos, quand, contre toute attente, l'entreprise la plus audacieuse que jamais homme eût tentée, vint rouvrir pour lui la carrière des combats.

Le retour des Bourbons avait été un bonheur pour la France, parce qu'ils la sauvaient de l'anarchie et qu'ils lui assuraient la paix. Les Français avaient accueilli leur rappel avec enthousiasme, parce que le chef de cette Maison auguste avait deviné les besoins de son siècle, et qu'il promettait de garantir à la nation la possession de ses conquêtes morales, bienfaits pour lesquels elle avait combattu pendant vingt ans. Malheureusement ce prince ne sut pas être le maître chez lui, et ses conseillers faussèrent ses intentions. Bientôt ce ne fut plus que contradiction entre les promesses et les actes, inconséquence dans le système du gouvernement, et dans la nation défiance et inquiétude.

Le roi voulait faire consacrer sa royauté par le peuple : ses conseillers lui persuadèrent de ne la tenir que du droit qu'il avait reçu de ses ancêtres.

Il voulait faire sanctionner le contrat du monarque avec la nation, et régner en vertu de la loi constitutionnelle ; on lui conseilla d'octroyer la charte comme une concession du pouvoir, et on le fit régner en vertu du droit divin.

Il voulait gouverner dans le sens de la majorité ; on en fit le chef de parti d'une minorité faible et incapable.

Il voulait réunir et confondre toutes les opinions : et on élevait un monument expiatoire à Quiberon.

Il devenait évident dès lors que le trône n'était plus un point d'appui pour la nation, et que l'autorité du chef de l'État avait passé tout entière dans les mains du parti ambitieux qui le dominait. De là une tendance manifeste à avilir les institutions de la révolution et à calomnier ses triomphes.

Les défenseurs de la patrie étaient principalement l'objet de la récrimination des hommes du régime suranné. La gloire de vingt ans de travaux prodigieux était mise en question ! Les exploits des officiers supérieurs se trouvaient exposés au dédain. Eux-mêmes étaient négligés et remplacés par des hommes imberbes ou caducs, dont le front n'était ceint d'aucun laurier. L'armée, abreuvée d'humiliations, et placée sous le commandement de chefs dont les noms n'avaient point fait retentir les échos des Alpes et des Pyrénées, ni ceux des bords du Rhin et de l'Adda, l'armée était dans un état continuel de suspicion. Des soldats mercenaires remplissaient les résidences royales et gardaient le trône, comme si le monarque eût été en guerre avec le peuple.

Ainsi l'attente des Français n'était point remplie : leur espoir était trompé. Il n'y avait aucune confiance réciproque entre le gouvernement et la nation ; et quoique rien, dans le caractère du roi, ne parût justifier les craintes dont on était saisi, les erreurs incessantes, les démonstrations hardies, les prétentions avouées des courtisans et des hommes de l'ancien régime étaient autant de signes avant-coureurs de nouveaux orages politiques, et d'une nouvelle guerre entre le droit et le privilége.

Napoléon, dans son île, attentif à la marche des événements, connaissait la situation des partis et l'état des choses en France. Il conçoit alors le projet d'exploiter à son profit le mécontentement de la nation, et de se replacer vis-à-vis de l'Europe dans une position qui pourrait lui rendre ce qu'il avait perdu. Il ne se souvient plus qu'un an auparavant, par un traité solennel, il a rompu lui-même les liens qui l'unissaient à la France et s'est reconnu étranger à ce pays ; qu'il a renoncé à son titre d'Empereur des Français, pour ne plus être que le souverain indépendant de l'Ile d'Elbe. C'est sans déclaration préalable, dans le projet avoué de renverser le gouvernement établi et avec la seule puissance de son nom, qu'il veut reparaître sur le sol français et en faire la conquête. Il débarque à Cannes. De toutes parts ses anciens soldats, brûlants d'enthousiasme et de dévouement, accourent sous ses drapeaux et grossissent son cortége. Sa marche n'est plus qu'une course triomphale. En vingt jours, sans avoir tiré un coup de fusil, il est maître de la France et entre dans la capitale en même temps que les princes Bourbons la quittaient. La nation, jouet de ces grandes luttes, encore meurtrie des coups du despotisme de Napoléon, et désaffectionnée pour le roi, par la maladresse des ministres, voit arriver le premier et partir le second avec une complète indifférence, comme elle avait vu autrefois la Convention Nationale supplantée par le Directoire, et celui-ci par les Consuls.

Dans ces entrefaites, les souverains de l'Europe, assemblés en congrès à Vienne, mettent Napoléon Bonaparte hors des relations civiles et sociales, et déclarent qu'ils vont réunir leurs efforts pour le renverser. Ainsi, il faut recommencer la guerre contre une coalition plus compacte et plus nombreuse que les précédentes.

Au premier bruit de la marche de Napoléon sur Paris, le lieutenant-général Lecourbe, qui était retiré dans ses terres, courut offrir ses services au chef de l'État. Mais le roi abandonna son pays pour mettre sa personne en sûreté au delà de la frontière, et la France restait exposée au fléau d'une guerre étrangère. Un devoir plus sacré encore s'offrait alors à remplir. L'amour de la patrie, l'horreur de l'invasion, le sentiment de la véritable gloire, tracent à Lecourbe sa règle de conduite. Son bras et son épée sont dévoués au soutien de la cause commune à laquelle il a consacré sa vie, et ils sont acceptés par celui qui vient de mettre dans ses mains les destinées de la France.

Napoléon s'occupe avec l'habileté et la promptitude qui ont signalé toutes ses opérations, de la création de ses moyens d'attaque et de résistance. Ses efforts et leurs résultats sont prodigieux. Deux cent quinze mille combattants, bien aguerris, sont prêts à entrer en campagne ; cent vingt mille hommes de la garde nationale d'élite forment la réserve, et les places fortes, bien garnies, sont en état de défense. Les souvenirs de gloire chez les uns, la haine vouée à l'étranger chez les autres, les remplissent tous d'ardeur et d'enthousiasme. Deux mois encore, et cent cinquante mille hommes de la levée de 1815, avec deux cent mille autres tirés des gardes nationales, mettront le grand capitaine en mesure de braver les armées alliées. Mais les événements se précipitent, et il est forcé à combattre avant d'avoir organisé tous ses moyens militaires.

La grande armée, qui sera commandée par Napoléon en personne, est rassemblée sur la frontière nord de la France.

L'armée des Alpes doit occuper les débouchés de l'Italie.

L'armée du Rhin est chargée de protéger les frontières de l'Alsace.

L'armée de l'Ouest, après avoir pacifié la Vendée, doit rejoindre la grande armée.

Un premier corps d'observation, aux ordres du lieutenant-général Lecourbe, est destiné à défendre les défilés de la Franche-Comté et des Vosges contre les ennemis qui déboucheraient par la Suisse, et il doit se lier avec les armées des Alpes et du Rhin.

Trois autres corps d'observation stationnent à Toulon, Toulouse et Bordeaux.

On connaît le désastre de Waterloo et les événements qui l'ont suivi.

Quand Lecourbe arriva à son quartier-général de Belfort, le corps d'armée placé sous son commandement n'était composé que d'environ neuf mille hommes, dont près des deux tiers étaient des gardes nationaux. Sa gauche s'appuyait à Huningue.

Il avait devant lui le comte Colloredo, qui, à la tête d'une nombreuse armée autrichienne, avait conçu le projet de couper la ligne française, d'intercepter ses communications, et de s'emparer de la grande route de Paris qui passe par Lure et Vesoul.

Suivons Lecourbe dans cette pénible campagne. Son génie mesura toute la difficulté de sa position et n'en fut point effrayé. Il sentit que tout allait dépendre des savantes dispositions qu'il prendrait, des secours qu'il chercherait dans les obstacles naturels, et de l'élan qu'il donnerait à ses jeunes troupes. Aussi il retrouva en 1815 toute l'audace, la rapidité de manœuvres et les heureuses inspirations qui distinguèrent ses faits d'armes en 1799. Dans chacune des opérations, sa pensée préside à tous les mouvements, sa valeur dirige tous les efforts, son intrépidité personnelle enflamme ses soldats, son mépris de la mort les électrise. De là, ces combats vifs, opiniâtres, meurtriers, où l'exécution est aussi prompte que la résolution; où le courage des troupes égale les hautes combinaisons du chef; où l'audace des Français s'élève à l'héroïsme de celui qui les conduit; où l'on arrache la victoire à un ennemi qui croyait l'avoir enchaînée; où enfin ce général trouve une gloire éclatante dans des marches sans cesse rétrogrades.

Assailli sur tous les points à la fois par des forces supérieures, Lecourbe oppose continuellement à l'ennemi une résistance aussi savante qu'audacieuse. A chaque attaque, il le repousse d'abord avec une grande perte, et, se repliant ensuite devant des adversaires qui se renforcent sans cesse et le débordent, il opère son mouvement rétrograde avec le sang-froid et l'habileté dont il a donné tant de preuves dans les campagnes précédentes. Tout obstacle naturel est mis à profit pour contenir, fatiguer et détruire les troupes qu'il a devant lui. Chaque poste, chaque défilé est défendu avec acharnement; le plus petit avantage est payé cher par l'ennemi, et la retraite se fait pied à pied.

C'est ainsi que cet intrépide guerrier acquiert de la gloire dans les villages qui bordent la rive gauche du Rhin près de Bâle, et successivement à Tagsdorf, à Dannemarie, à Chavannes, puis à Besoncourt, Chevremont et Pfaffen, où il se retranche de manière à faire abandonner aux Autrichiens le projet d'envelopper sa colonne.

Au centre, il sort de Delle pour attaquer et battre l'ennemi, pousse des reconnaissances au loin, et se retire par Roppes, où une poignée de Français fait des prodiges contre des masses redoutables.

La colonne de droite s'étendait jusqu'au poste retranché de Bourogne et couvrait Montbéliard. Les Autrichiens font de grands efforts pour couper ces troupes et les séparer du gros de l'armée. Le général en chef arrive, il attaque le premier l'ennemi, l'enfonce, et le rejette en désordre au delà de Bourogne.

Mais l'immense supériorité des forces autrichiennes fait sentir à Lecourbe la nécessité de rapprocher de Belfort la plus grande partie de son faible corps d'armée, afin de couvrir cette place. Il établit ses troupes dans un espèce de camp retranché, construit à la hâte sous la ville, et de là il observe les mouvements de son adversaire. L'infatigable activité de ce général le porte en même temps sur tous les points de sa ligne.

De fortes colonnes ennemies débouchent par Vezelay, pour intercepter les communications du corps d'armée français; il les culbute et les disperse avec la plus grande vigueur.

Tout en serrant Belfort de près, les Autrichiens étendent leurs forces sur leur droite pour s'emparer de la route de Paris; il les bat à Giromagny.

Ici il attaque avec succès la ligne ennemie pour faire entrer dans Belfort un convoi de vivres.

Là, il ouvre un passage à un autre convoi, au milieu des bataillons autrichiens.

Plus loin, il rallie quelques troupes attaquées par une forte colonne à Bavilliers, fait battre et sonner la charge, et repousse les assaillants avec une perte énorme.

Les Autrichiens tentent d'emporter les redoutes en avant de Belfort; il les écrase et jonche de leurs morts les terrains environnants.

Prompt et terrible comme la foudre, il porte partout la terreur et la mort. Qu'on juge de cet homme de guerre par ses prodiges de valeur! Avec neuf mille braves, il soutient pendant quinze jours, et constamment avec avantage, les efforts d'une armée de quarante mille combattants, lui fait éprouver une perte de dix-sept mille hommes, la frappe de terreur, et la réduit à observer, sans oser les attaquer, les ouvrages du camp retranché de Belfort.

Pendant cette inaction des Autrichiens, on apprend la rentrée du roi dans la capitale du royaume. Un armistice est alors proposé au général français par le chef de l'armée ennemie, et Lecourbe le signe après avoir stipulé que les alliés feraient entrer journellement dans

Belfort une quantité suffisante de subsistances, dont le besoin commençait à se faire sentir dans le camp et dans la place.

Cette campagne glorieuse, dans des circonstances à jamais déplorables, et cette convention signée en vainqueur, furent les derniers exploits de l'illustre guerrier dont nous avons cherché à réunir dans un cadre resserré tous les rayons de gloire pour en composer une auréole digne de lui. Les fatigues excessives du corps, les travaux incessants de l'esprit, dans cette courte période, avaient usé les ressorts de la vie, et la France eut à regretter la perte de ce digne officier supérieur. La guerre semblait ne l'avoir rappelé sous les drapeaux que pour lui procurer une fin selon son désir, que pour le faire mourir sous de brillants lauriers, au milieu de ses compagnons d'armes et en défendant sa patrie.

Soldat intrépide, général distingué et surtout bon Français, ta gloire grandira en vieillissant! Les Pays-Bas, la Suisse, l'Allemagne furent le théâtre de tes nobles faits d'armes! Ton nom se rattache aux souvenirs des premiers et des plus beaux exploits de la guerre de la révolution, et ces triomphes sont immortels! Tes belles actions furent oubliées quelque temps par le chef du gouvernement impérial, mais elles ne le furent jamais par les amis de la gloire nationale! Ta disgrâce même fit connaître toute la noblesse de ton âme, et les sentiments généreux qui en furent le prétexte te rendent plus recommandable encore au souvenir des Français! Et quand ton mérite eut vaincu les préventions, quand tu fus rappelé sur les champs de bataille pour servir ta patrie, la gloire militaire accourut encore pour honorer tes derniers moments!

L'humanité déplore les maux de la guerre, de ce fléau qui détruit tout et ne féconde rien. On aura moins à gémir de ses ravages, maintenant qu'après des milliers de siècles de combats continuels, une ère nouvelle commence enfin à poindre; maintenant que le génie des nations a trouvé le bonheur des hommes là seulement où il peut exister, dans l'essor incessant de l'activité humaine, et que, dominant les gouvernements, il use de sa puissance pour associer à des intérêts communs les individus, les peuples et les rois. Oui, désormais les conquêtes de l'industrie vont remplacer celles des armes. Elles seront aussi solides et fécondes que les autres ont été vaines et stériles, et leur heureuse influence sur la famille universelle éloignera de plus en plus la guerre. Cependant, puisqu'il est vrai que l'esprit de vertige

saisit quelquefois les peuples comme les individus, l'amour de l'indépendance, l'enthousiasme de la liberté, le sentiment de l'honneur
national peuvent la rendre nécessaire. Cette nécessité alors ennoblit
l'art terrible des combats aux yeux du sage même, et son âme ap-
plaudit au héros qui se dévoue pour son pays. C'est ce sentiment
profond qui a provoqué un concours pour l'éloge du lieutenant-
général Lecourbe, et, certes, les brillants exploits de ce grand
homme trouveront un digne panégyriste (*). Mais des pages écrites
par une plume véridique et savante ne sont pas le seul monument qui
doive consacrer la gloire de ce guerrier. Les arts aussi s'empres-
seront d'offrir ses traits à l'admiration publique, d'en fixer, d'en
perpétuer le souvenir. Habitants du département du Jura! achevez
votre ouvrage. Elevez à ce héros Franc-Comtois, à votre concitoyen,
un monument artistique digne de vous, digne de lui. Ce chef-d'œuvre
des arts, en entretenant parmi vos descendants le feu sacré de l'honneur du pays, les enflammera d'une émulation généreuse, toujours
profitable à la patrie.

(*) La *Société d'Emulation du Jura* avait proposé, pour 1840, l'éloge
du lieutenant-général Lecourbe. Sur quatre concurrents, aucun n'a rempli le
vœu de la Société. On croyait que ce sujet serait proposé de nouveau pour
1841, et cet ouvrage était destiné à concourir. Mais il est ajourné indéfini-
ment. Le compte-rendu de la séance de l'année dernière n'est pas même
encore imprimé.

FIN.

9 782012 964693